價值，
領導，
創新。

柯P管理學

Standard Operation Procedure • Decoding • Root Cause Analysis • Total Quality Management
Knowledge Management • Project Management • Management by Exception • Failure Mode and Effect Analysis
Hawthorne Effect • Silo Effect • Organizational Culture • Strategy Map

柯文哲
—著—

柯文哲

二〇一四至二〇二二年擔任臺北市長。

曾任臺大醫院創傷醫學部主任、臺大醫學院教授。臺大醫院史上首位專責重症加護的醫師，引進葉克膜急救方式，建立器官捐贈移植登錄系統。

以「白色力量」為號召，打破藍綠對立，改變選舉文化；以急重症外科醫生的務實、效率、精準、誠實、尊重專業、要求細節為原則，打造SOP，翻轉政治，管理與擘畫市政。

二〇一九年成立臺灣民眾黨。

【推薦序】

假如柯文哲下海經營公司？

城邦媒體控股集團首席執行長　何飛鵬

閱讀《柯P管理學》，我有了深刻的感受，柯文哲是被醫生及市長耽誤的企業家，他在臺北市長任內的所作所為，完全是一個極為幹練的經營者，也呈現了非常良好的績效，如果哪一天柯文哲真的下海去經營公司，相信他會是一個極為傑出的經營者。

會有這樣的感覺，主要是柯文哲在策略思考及執行力上，都有非常傑出的表現。一般而言，企業經營者只要在策略及執行力上有所專精，就能獲得良好的工作成果。策略指的是做對未來長期的事，而執行力則是把眼前立即的事做對，經營者只要當下及未來都做對事，就會獲得好的經營成果。

柯文哲在經營臺北市時，他提出了極為高遠的策略思考，他自承他的中心思想是讓臺灣人過得更好，他要實現的臺灣價值是在臺灣島上實踐普世價值，包括：民主、自由、多元、開放、法治、人權、關懷弱勢等等，這樣的想法已不只是臺北市長的高度，更是臺灣領導者的高度。

柯文哲對臺北市民具體的承諾是：「為市民服務，替城市創新。」這樣的工作使命完全符合臺北市民的長遠利益，也符合臺北市未來長遠發展的需要；說明了柯文哲在經營臺北市政府時，已設定了非常正確的策略目標。

這是柯文哲具有正確的策略思考。

而柯文哲的執行力，更顯示在市政經營的點點滴滴，以及每一天的市政工作上。

柯文哲首先為八萬名臺北市府的員工，設定了非常明確的核心價值：正直誠信，開放共享，創新卓越，團隊合作。

正直誠信是最關鍵的核心價值，根據統計，經過七年的培養，有百分之七十七的市府員工認為正直誠信是四項核心價值中最重要的一項，當大多數的人都正直誠信時，大家都會做合法而正確的事，這是市政運作的基礎。

開放共享代表了市府員工的工作態度，這七年中與臺北市府有接觸過的人，都會體驗到市府員工的開放精神。創新卓越則是追逐成果的高目標，每一件工作都要用不一樣的工作方式達成最好的工作成果。至於團隊合作則是市府團隊放棄本位主義，協調合作的象徵。

要有好的執行力，就要有好的團隊；要有好的團隊，就要有對的人；要有對的人，就要有好的人事評鑑制度。柯文哲努力改革人事制度，建立了十職等以上官員的遴選制度，組成遴選委員會進行兩輪投票，選出最合適的人選。由於遴選制度，讓升遷管道公開透明，讓所有的官員勇於任事。

這是非常重要的人事改革，因為從幾次政黨輪替以來，公務員升遷時的關說盛行，升遷的人都是長袖善舞，外界公關良好的人，導致有能力的人被邊緣化，體制破壞無遺。

當升遷制度健全之後，好的人出頭，執行力當然就展現出來。

另一個影響執行力的制度是：臺北市政府每天要召開的晨會，每日上午七點半，所有的高級官員再加上輪值的局處長，都要聚在一起，討論重要的事務，如果涉及跨單位、跨部門，就要指定PM（專案負責人），負責溝通協調，以打破各單位的本位主義，並追蹤到底。

每天舉行的晨會，就像一把螺絲起子，隨時都把最重要的事情拴緊，也確保能做到最好。由於市長每天都會參加會議，這代表了柯文哲對市政的重視，以及勤政的態度，這可能是民選官員中少見的努力工作的人。

執行力也需要準確的數字觀念，柯文哲在各方面都展示了對統計及數字的重視，在臺北市政府的財政上，尤其看出柯文哲在這方面的能力。他上任時，臺北市負債一千四百六十八億，但在他任期前五年，已經還債五百七十億，他精準地計算利息的高低，高的先還，大幅降低利息的支出。他高喊財政紀律的口號，要求所有的政府首長要有數字觀念，要有紀律觀念，要為人民看緊荷包，他是政府官員中少見的異類。

而真正的執行力，展現在臺北市政府所推動的各項公務及專案上，二〇一七年的世大運，六十座場館準時完工，所有的細節有條不紊，精準執行，成為臺灣最成功的國際體育賽事。西區門戶復興計畫，從拆除忠孝橋引道，只花了六天就拆除乾淨，這也展現出柯文哲的執行力。

另一個展現執行力的是中正橋的改建計畫，在八十七小時之內完成拆橋，這又是一項不可能的任務。

此外，興建社會住宅：八年開工了一萬兩千多戶，這也是歷任市長不易達成的目標。

這些都是柯文哲執行力的表現。

這些年來，柯文哲的施政可謂表現良好，只是臺灣一向政治掛帥，黨同伐異，身為少數黨領袖的柯文哲，許多人說他沒能力、沒做事，這都是裝睡的人叫不醒，無視於他所做的事，只從立場上進行批判。我們期待大家能公正、公開、公平地評價柯文哲，還給做事的人一些公道。

政治是一門管理的科學，
也是一種服務的專業。

當結果出現問題時，就必須面對問題、處理問題。結果不好的時候，不要懷疑，一定是方法錯了，必須重新改過。

執行力是一種意志的修練，也是行政治理的關鍵。

結果是檢驗真理的
唯一標準

柯文哲

為政在於耐煩而已

柯文哲

很多時候不是大的打敗小的，也不是強者打敗弱者，而是速度快的打敗速度慢的。

用簡單的心靈去面對複雜的世界，忘掉失敗，勇往直前。這就是白目的力量。

Work smart, not work hard

柯文哲

政治不難，找回良心而已

柯文哲

“政治只有三個原則：對的事情做、不對的事情不要做、認真做。”

“企業文化，就是為團隊建立是非對錯的共識。”

做別人不願意做的事，
做別人不敢做的事，
做別人不想做的事

柯文哲

沒有正直誠信的團隊合作
等同於共犯結構

柯文哲

想要改變一件事情，最困難的不是改變「屹立不搖」的那群人，而是先找到願意接納新技術、改變思考模式的人。

管小事的一個目的，
是塑造有紀律的文化。

我們改變的現在
決定下一代的未來

柯文哲

「人民的小事」是「政府的大事」

柯文哲

政治領導者最重要的是為整個施政團隊奠定好的企業文化，
管理團隊的共同價值、準則與目標，
讓每一個人都知道自己所做的工作對社會大眾有益，
讓生活在這座城市中的人能夠過更好的生活。

【作者序】

相信，就能創造改變

八年前當選臺北市長那一晚，我在當選感言中提到：感謝臺灣、感謝偉大的市民，以堅定的意志，相信「政治就是找回良心」，相信「開放政府、全民參與、公開透明的政治理念」，相信「人因有夢想而偉大」，相信「眾人之智慧會超越個人之智慧」，相信「民主就是人民作主」，也相信「如果有選擇，應該選擇正面和進步的方向」。

這六個相信，落實在我八年的施政中，我深信不疑，始終未變。

政治不是要做出什麼劃時代的功業，而是要落實在人民生活的每一天，將人們日常生活的小事，看成是政府的大事，務實地為大家解決各種問題。即使改變微小，如果每個地方都能持續改變，一點點、一點點累積起來，終將是巨大的進步。

基於這樣的信念，我們推動東西區門戶計畫、老舊市場改建、鄰里交通改善、無圍牆博物館，希望給人民更好的居住環境；我們興建兩萬多戶社宅，落實居住正義，讓年輕人或弱勢者都能夠安居；我們改善社會福利系統，照顧年長市民，幫助弱勢族群，扶持他們過好一點的生活；我們在校園推動雙語教育、國際教育、智慧教育，給孩子們更好的未來；我們重建市府的財政紀律，處理前人留下來的歷史共業，以及那些延宕多年的建設計畫；我們推動各種轉型，藉由打造新文化來提升行政效能；面對新冠疫情爆發，從設立社區篩檢站、防疫控管、疫苗接種到醫療制度的調整，我們也建立防疫急門診、創設「車來速」系統，避免醫護人員因為過勞而導致醫療體系崩潰。

我們努力解決需要解決的問題，也為未來可能的問題做好準備。

身為政治領導者，我管理一群優秀的文官與公務員，帶領他們為市民服務。改變與進步不是來自我一個人，而是團體的智慧與努力。這本書，是我們一步一腳印的紀錄，也是臺北這座城市成長的故事。

Contents

【前言】

柯文哲的中心思想與臺灣價值

二〇一四年二月十七日上午八點，我在臺大醫院值完大夜班後，脫下白袍、掛在牆上，走出醫院，投入那一年的臺北市長選舉。

二〇二二年十二月二十五日，是我兩屆臺北市長任期的最後一日。這八年來我經常思考一個問題：到底我要留給下一代一個什麼樣的臺北？

回顧過去，我從政的初心是希望推動一場改變臺灣政治文化的社會運動。我相

信「改變臺灣要從首都開始，而改變臺北則要從文化開始」。多年來，臺灣的政治成為政黨對立、惡鬥的戰場，長期內耗空轉，導致政治文化一落千丈，政黨利益大於國家利益，派系利益大於政黨利益，個人利益又大於派系利益……政黨以統獨議題彼此對抗，用意識形態治國，社會發展被內鬥給拖累，整體經濟淪於亞洲四小龍之末，而政府也逐漸喪失了它存在的真正目的：為人民服務。

踏上政治這條道路之後，我發現，「什麼事情是對的、什麼事情是錯的」大家其實都知道，問題是對的事情很少做，錯的事情卻每天做。這就是臺灣政治最大的困境。我希望建立以「正直誠信」為本的新政治，在這樣的理念原則下，只做必要且最小的妥協，讓政治文化有改變的契機。

政治不難，找回良心而已。

每次接近選舉，就有很多人問我的「中心思想」是什麼，甚至拿「臺灣價值」來質疑我，要我說清楚講明白。

我的中心思想很簡單，「讓臺灣人民過得更好」；我的臺灣價值就是，「在臺灣這塊土地上實踐普世價值」。對我來說，只有普世價值的存在，沒有臺北價值、臺灣價值的區分。這個普世價值包括：民主、自由、多元、開放、法治、人權、關懷弱勢與永續經營。這些價值不因地方不同而改變，帶入臺北市政經營就是臺北價值，融入臺灣模式就成了臺灣價值。

普世價值是政治的一道防線，可以讓更多人做對的事。擔任臺北市長期間，我把自己深信的價值帶入施政中，用執行力去實踐這些價值，從小問題著手，逐一解決大問題，期望帶給人民更好的生活。

民主是相信眾人的智慧超越個人智慧

民主是人民所共有。民主不應該只有在投票日那一天展現。人民作主的理念，必須徹底落實在我們的政治中。八年來的柯市府，每天早上七點半固定召開晨會，最能體現我奉行的民主價值。

每一場晨會都是訊息的交流與溝通，北市府各局處首長將各種有爭議、值得關注的市政問題帶來晨會討論。討論的過程有贊成有反對，有反駁有爭執，每個人都能坦然陳述自己的立場和看法。就事論事，理性表達，聽取不同立場的想法，思考各方意見，透過晨會制度，集合眾人之力，共同謀求最好的方法以處理每一項市政問題，為市民們的福祉努力。

此外，以往政府預算皆由部門自行編列，通過議會審查就能實施。但自我進入臺北市政府後便推行「參與式預算」，鼓勵全民參與，主動提案建議政府該做什麼、該怎麼做，讓這座城市變得更好。

民主是一個思考與辯論的過程，更是一個需要學習培養的過程；民主政治絕非一日可成，而是需要日積月累的教育養成。我們以身作則，從上而下，由內而外，讓民主向下扎根，鼓勵學生們參與，讓民主成為人民生活的一部分，讓臺北確實成為以民意為基礎的城市，並持續建構多元、自由與民主的公共政策思辨場域，打造一座進步而勇敢的臺北城。

自由以包容為基礎，和平共存而非消滅異己

自由以不侵犯他人的自由為原則，沒有自由就沒有民主。胡適曾說：「容忍是自由的基礎。」我們要包容不同的想法、不同的聲音，建立一座胸襟開闊、體諒包容的城市，讓每一個人都能和平共存，而不是互相消滅。

無國界記者組織曾經發表新聞自由指數排名報告，指出臺灣的言論自由程度之高，全球數一數二。他們甚至在臺北成立了第一個亞洲辦事處，除了考慮臺灣地理位置與軟體服務實力之外，最重要的就是言論自由的風氣，尤其展現在公民社會的

活躍程度。臺灣有大約一萬多個NGO和NPO組織，數量之多，令人驚訝。而且我們沒有言論審查制度。就像我經常說的：「我就算不認同你的觀點，也會尊重你說話的權利。」

民主自由可說是臺灣價值的最核心，但它們不是天上掉下來的，而是許多前人流血流汗，甚至不惜犧牲性命爭取來的。我們必須珍惜這得來不易的民主果實，永續傳承給下一代。

多元開放，共容、共融、共榮

如果自由以容忍為基礎，那麼多元開放就是彼此接納。曾經是醫生的我，最能體會接納多元的意思。醫生不能選擇病人，任何病人被送進醫院，都是醫生的職責，必須竭盡所能地治療。我把同樣理念帶入臺北市政府。很多人都說：「聯合政府從未成真。」但是臺北市證明了我們做得到。北市府的三位副市長分別來自三個不同的政黨，各局處首長也分別屬於不同政黨和派系。大家在政治上雖然有不同的看法與堅持，每天開晨會的時候還是齊聚一堂討論市政問題。

我們也主動打開市政接納外界參與。北市府經常透過網路廣徵人才，藉由公開遴選機制，讓關心公共事務的公民能夠參與市政府的公民事務委員會，監督市政府的工作。另外，青年事務委員會成立的目的，是希望召集不同領域、對於公共事務懷抱熱忱的年輕人，透過對話討論，讓市府規畫的政策也能融入年輕人的意見與想法。廉政透明委員會則允許有興趣的民眾，到市府來翻箱倒櫃，檢查他們想檢查的案子。

在臺北，最能展現多元開放精神的例子，莫過於「臺北開齋節」。臺灣有超過六十八萬名外籍移工，很多是穆斯林。過去我們經常輕忽他們的存在，但臺灣有今日的榮景，移工朋友們功不可沒，因此北市府持續推動「友善穆斯林」政策。二〇一六年，我們舉辦了第一屆臺北開齋節，將近五萬人參與。之後數年間，規模越來越大，以嘉年華的概念推展穆斯林特色市集。臺灣不是回教國家，這種讓穆斯林齊聚、慶祝宗教節日的活動，即使是號稱「文化熔爐」的國家也未必能夠做到，而我們不僅做到了，還做得很成功。

臺北市是性別友善的城市，我們尊重多元性傾向，致力打造無性別偏見的空間。臺北每年固定舉辦全亞洲最大的同志遊行，參與人數屢創新高，在疫情前，最高紀錄有十二萬五千人參加遊行活動，許多人是來自海外的同志或支持者。此外，早在大法官釋憲同志婚姻合法化之前，臺北就已積極推動同志伴侶的權益：二〇一七年，同性伴侶可以申請社會住宅，同時強化同志伴侶醫療代理權。

我認為多元開放的階段是：共容、共融、共榮。共容是自由的基礎，能互相包容不同人、不同族群、多元的聲音與看法；在彼此融和之後，團結合作，達到共榮。這是現在臺灣社會最需要的，也是我致力推動的事。

尊重人權，用法治建立一個對的社會

人權就是尊重每一個個體，不因國籍、種族、年齡、性別、語言、宗教等任何因素而給予差別對待。「尊重人權」不只是一句空泛的口號，落實在生活中，可以具體展現在新聞自由、居住正義、網路自由、教育平等與健康保障各個層面。

談到法治，我總是非常憂心。在我看來，臺灣不是一個真正的法治國家。我們的法律經常是給人民參考用的，而不是給人民遵守的，這是很嚴重的問題。人們面對種種問題，無力解決，只能假裝沒看到。我的想法很簡單：法律是給人民遵守的，在要求人民守法之前，政府必須先守法。一個國家如果政府帶頭違法亂紀，那麼上樑不正下樑歪，整個社會都要亂了。真正的政治，是建立一個對的社會。

進入臺北市政府後，我重建法治精神。重點只有兩個字：堅持。堅持做對的事，堅持錯的事情不要做。舉例來說，在我當選臺北市長前的十年間，在沒有通膨的情況下，北市府超過兩億元的工程，平均追加預算是百分之十三·六；我上任之後，決標後追加預算的狀況大幅減少。這是因為我堅持預算核實編列，杜絕低價搶標的惡習；堅持要求預算執行落後的單位、追加預算的單位都必須進行專案報告。不管旁人怎麼勸我「抓大放小」、「為政不要注意細節」，我都不聽。因為堅持，重建了北市府的財政紀律。

另外，我們也建立起一套優良的評鑑與升遷制度，每半年一次首長互評、員工對主管的滿意度調查，事務官出缺採用遴選制度決定繼任人選……有了公平的升遷制度，公務人員開始相信，只要認真做事，不用看上頭的臉色也能升遷。當公務員心懷坦蕩，無所畏懼，他們就能無愧於心、全心全意地做事，依法行政，重新確立法治基礎。

永續經營，我們改變的現在決定下一代的未來

永續經營的基礎概念是：永遠追求進步。我們崇尚科學精神，願意承認「我可能會犯錯」，願意不斷反省、不斷改進。苟日新，日日新，又日新，只有不斷改

進，積小勝為大勝，才能談永續經營。

我剛上任市長的時候，北市府有一千四百六十八億元的債務，每年光是償還利息便需支付二十九億元。這也導致在推動政務時，我最常聽見的第一反應是「沒錢」。後來我們調整債務結構，陸續償還五百七十億債務。二〇一八年，臺北市脫離了千億債務俱樂部，人均負債從五．四萬降到三．四萬，現在仍然持續下降中。我大概是臺北市有史以來最致力於還債的市長。

為什麼要積極地處理債務問題？因為借錢是要還的，借錢是要繳利息的，這是世間的道理。如果不努力解決債務問題，下一代的子孫就要替我們背債。「不債留子孫」是我的施政理念，也是我努力的方向。市政是延續性的，不可以抱持著我做完這一任，下一任不是我做，就把爛攤子丟給後面繼任者去煩惱，讓後人承擔前人的債務或麻煩。這是一種財政永續的態度。

很多人問我如何還債？還債很簡單，只有一個方法：量入為出，做該做的事，減少不必要的支出，重新檢討什麼錢可以省下來，什麼錢可以用得更有效率。錢不會從天上掉下來，我們不斷檢討，不斷改進，不輕視小錢，不浪費大錢，聚沙成塔，自然就把債還起來了。

除了清理債務，八年任期中，我還推動了很多長期的市政建設與規畫，比方說興建兩萬戶社會住宅、改建五大老舊市場、東西區門戶計畫、智慧交通和綠色運輸、翡翠原水管工程、全面汰換鉛管、校園雙語教育、實驗教育與智慧教育，我知道，很多計畫都需要持續進行，大多數工程不會在我任期內完成，但是我仍然堅持推行。因為如果我心裡總是考慮著「我能不能幫這項工程剪綵」，那麼最終我將一事無成。

每當做艱難的決策時，我經常自問：「我們究竟要留下一個什麼樣的臺灣給下一代？」當我問自己這個問題時，很多事情就清楚了。我不會只思考短期的利益得失，必須用更宏觀的視野做規畫。

國家的好壞，是由弱勢族群來決定

當市長之前，我在醫院工作，每天看到的都是病人，想的是怎麼治病，很少有機會去思考：那些病人是怎麼來的？離開醫院之後，他們又要到哪裡去？他們會過怎樣的生活？後來有一次我去安康平宅（平價住宅）訪視，有議員告訴我，當地很多弱勢族群的居民竟然連每個月四千元的房租都繳不出來，我才意識到他們的處境是多麼艱難。對他們來說，貧窮比生病更可怕，生病會加重貧窮，貧病交加更形成惡性循環。

我們想辦法協助弱勢族群脫離貧窮，但這個社會永遠有弱勢者存在，需要被照顧，這也是為什麼要建立一套穩固的社會福利制度，協助弱勢者生存、自立。推行社會福利制度不是憐憫弱勢，而是為了讓國家社會更穩定。以「短板理論」為喻，水桶是由長短不同的木片所組成，決定木桶儲水量的，不是其中最長的木片，而是最短的。一個國家的好壞，就像木桶一樣，是由弱勢族群來決定的。照顧弱勢族群，就是照顧國家。

落實以上這些普世價值，是文明國家的根本；讓一個人能夠像人一樣地活著，是文明社會的責任。八年來，我沒有忘記自己的初心，也堅持自己的從政原則：做對的事，不對的事情不要做，認真做。不管這個世界怎麼複雜、變化，我相信普世價值，堅守原則，認真工作，把過去沒有人要做的事做好，將政治落實在人民生活的每一天。我知道，在我卸下臺北市長職務之後，我所留下的，將會是一座更好的臺北。

【柯式管理】

從政治領導者到文化倡導者

在我看來，政治領袖有三流：一流的政治家，他的意志可以變成人民的意志；二流的政治家，人民的意志是他的意志；三流的政治家，他的意志不是人民的意志，人民的意志也不是他的意志，兩相衝突之下，遲早會被民意給淘汰。我不敢說柯文哲是第一流的政治家，不過期許自己至少要到達二流的程度，以民意為基礎而任重道遠。

政治領導者最大的問題是經常以為自己領導時代潮流；實則不然，許多領導者只是看出了潮流的方向，加快腳步跑到潮流的前頭。是時代潮流推著人前進，不是人引領潮流，這是身為領導者必須要有的體認。

我做了八年臺北市長，第一次競選時，我以「改變臺北，從文化開始」作為號召，我認為市政改變的源頭，要從改變政府的企業文化做起，而建立企業文化是領導者最重要的工作，一旦大家知道什麼是對的、什麼是錯的，就會按照對的方式去做對的事。這八年來，領導市府團體求新求變，我最深的體悟恰好呼應了從政的起心動念：與其做一個政治領導者，不如做文化倡導者；比起強迫大家遵守規則，不如說服眾人接受我的理念。

同樣的，一個國家不會因為一個人而改變。國家之力量在於國民全體，大家願意付出、各自努力，合起來才有機會讓整個國家進步。我相信做一個文化倡導者更能夠推動公私部門的蛻變與成長，這也是我一路走來奮鬥實踐的目標。

管理轉型：塑造共識的企業文化

我曾經擔任十七年的臺大外科加護病房主任，當時團隊約莫有兩百五十名醫護人員。管理兩百五十個人的團隊和管理八萬名市府員工，差異在哪裡？前者靠的是硬實力，也就是 I force you to follow my rules（我強迫你遵守我的規則）。我會向同僚們說明我決定怎麼做，反對的請舉手、講出你的方法，如果你的建議沒有更好，那麼我的做法就是最好的辦法。然而這套管理方式無法適用於市政組織，因為市長有任期，公務人員卻是鐵飯碗。鐵打的公務人員，流水般的市長，即使我個人的硬實力能夠見效，等八年期滿卸任，一切將故態復萌。

於是我改採取軟實力來管理這支龐大的隊伍。什麼是軟實力？就是 I persuade you to believe my ideas（我說服你相信我的想法）。當團隊裡的所有人都懷有共同的願景，並且將我重視的「正直誠信」、「開放共享」、「創新卓越」、「團隊合作」這些企業文化內化到公務員的骨髓裡，那麼即使我期滿離任，整個團隊也能秉持同樣的信念與標準，繼續為市民服務。唯有讓組織具備一套好的企業文化，讓每個人從潛意識裡按照同一種方式行事、往同一個方向前進，才是凝聚眾人共識的最好方法。

所謂**企業文化，就是為團隊建立是非對錯的共識**，是整個團體共同的價值觀，是他們認為對的且好的行為。強烈的企業文化能夠使成員凝聚出團體意識，建立堅強的向心力。有了團體共識後，任何成員一旦行為偏差，不待其他人糾正，自己也會知道那是不對的，會自行改正；反之，如果沒有共識，成員們自以為是、對錯界線模糊，就會產生內部衝突。因此，建立企業文化可以確保團隊組織運作順利。

企業文化也像是一層防護網，可以篩選出願意認同團隊精神和文化價值的人。我會比喻說，企業文化是找到適合的員工「上車」的最佳方法，如果能夠建立明確的企業文化，組織自然就能快速篩選出適合的人選，減少因人事頻繁變動所造成的陣痛期。

舉個例子，過去我在臺大醫院外科加護病房成立葉克膜小組，這個特殊醫療小組成績斐然，每年都有不少醫護人員主動應徵參與。這些醫護的條件都很優秀，令人難以取捨，所以我會告訴他們：「先來幾天實習看看，如果你能夠接受葉克膜小組的工作方式、人員相處模式，再正式加入也不遲。」通常三天實習之後，就有一半以上的應徵者選擇放棄。葉克膜小組的工時長、壓力大，往往每天從早上七點工作到晚上十一點。而且小組成員還必須隨時配合需求緊急出動、南來北往，不是每個人都能接受這種工作模式。我曾經開玩笑說，葉克膜小組的企業文化就是「不戴手錶」；當前來實習的醫護人員脫下手錶，不再關注何時下班的那一刻起，他就接受了我們的企業文化。

以人為本的管理：建立企業文化的四個原則

建立企業文化有四個原則：靠宣傳、分階段、要隊伍、須過半。

靠宣傳：建立企業文化需要耳提面命、不斷講述。我擔任市長期間，每天早上準時召開晨會。許多人以為晨會就是把各部門的人聚集在一起，傳達訊息、互相討論，但更重要的意義在於「價值觀的統一」。

就好比在教學醫院中，要訓練一個住院醫生，一般需要五年時間。在這五年裡，年輕醫生跟著老師走來走去，更重要的是每天要參加晨會，除了學習醫療技術、醫學新知、死亡與併發症討論，還要學習對待病人和家屬的「邏輯」，等到他能夠獨當一面時，自然會根據學到的方式照護病人。市府的晨會也是同樣的概念。透過晨會，市府的一級主管們在一次又一次的討論與溝通中理解我做事的方法、施政的態度和信念，這些想法、邏輯、態度不斷潛移默化，最後也會成為他們行事的準則。

分階段：建立一套企業文化不可能一蹴可幾，畢竟想要改變個人的想法與思考模式太困難了，很難一次到位。所以不要幻想著只要領導者下令：「一、二、三，改變！」就能瞬間改革成功，必須保持耐心，慢慢來、分批執行，一次一點做好它。

要隊伍：任何改革、任何行動都需要有核心隊伍作為支持。所謂核心隊伍就是團隊裡最能夠認同領導者理念與企業文化的人。領導者前進，核心隊伍也前進，後面其他人才能隨著腳步前進。

須過半：身為領導者當然希望能快速擴大隊伍，得到更多人的認同。但是擴大隊伍的前提是不可因此稀釋了企業文化。如果團隊中不到半數成員認同企業文化，這個團隊不管有多大多強，也會很快瓦解。

管理策略：將「策略地圖」的概念導入施政

什麼是策略地圖？一九九二年哈佛大學教授 Robert Kaplan 及 David Norton 提出平衡計分卡的管理工具與衡量系統，用以釐清組織策略，是從組織策略形成到徹底執行的一套動態管理工具。在管理實務上，企業會擬定策略地圖，透過由上往下開展的各種目標，在符合企業價值與文化的前提下，建立經營方向、衡量績效、推動策略方針。

進入臺北市政府執政後，我花了將近一年半的時間與各部門主管討論，規畫「臺北市政府策略地圖」，設定市政府的使命、願景和核心價值。這是公務部門第一次引入企業經營的技術，目的是希望能夠讓市府各機關、所有公務人員都能瞭解自我的核心價值，發揮核心能力，在有限的資源下為市民提供有感的服務。

服務與創新，是市府團隊的根本使命

使命是一個組織存在的根本原因，由此拓展出每個成員在組織中的工作內容。以臺北市政府來說，我設定兩個使命：**為市民服務，替城市創新**。

「為市民服務」這句話很好理解。人民繳稅給政府，是希望政府能夠為大家服

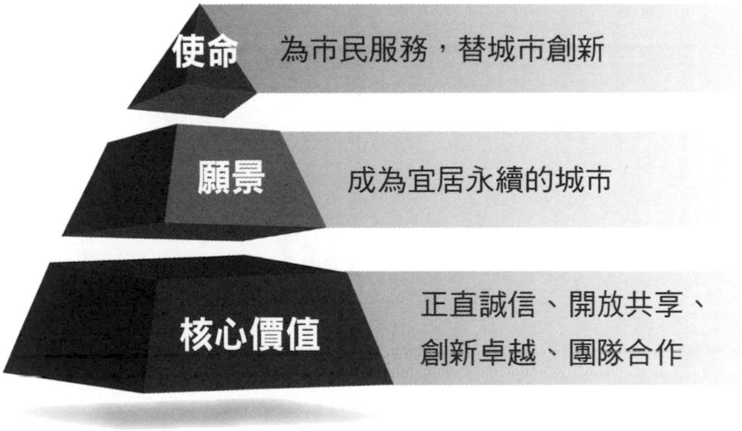
使命
為市民服務，替城市創新
願景
成為宜居永續的城市
核心價值
正直誠信、開放共享、
創新卓越、團隊合作

臺北市政府的使命、願景與核心價值

【使命】 為市民服務，替城市創新	【願景】 成為宜居永續的城市	【核心價值】 正直誠信、開放共享、創新卓越、團隊合作

	策略主題	營造永續環境 A	健全都市發展 B	發展多元文化 C	優化產業勞動 D	強化社會支持 E	打造優質教育 F	確保健康安全 G	實現良善治理 H
策略目標	顧客 C	TC1 **提升滿意的住民**、TC2 **增加快樂的員工**、TC3 **發展協力的企業**、TC4 **促成和諧的府際關係**							
		AC1提升市民對環境滿意度 AC2提升環境品質 AC3建構低碳城市 AC4減少資源耗用	BC1推動宜居城市 BC2建構智慧生活 BC3加速都市更新 BC4提升綠運輸使用率 BC5增進數位機會	CC1提升市民文化素養 CC2成為亞洲必遊城市 CC3提升休閒旅遊風氣 CC4成功舉辦世大運	DC1 促進充分就業 DC2 穩健產業發展	EC1 確保市民的居住權益	FC1 提升幼兒園滿意度 FC2 提升畢業生素質 FC3 提升終身學習人數 FC4 提高規律運動人口	GC1 打造健康城市 GC2 營造安全環境 GC3 提供市民有感服務	HC1 提高公民參與度 HC2 提高員工工作效能 HC3 重建市民對政府信任度 HC4 強化市民對政策認知度 HC5 提升行政透明度
	內部流程 P	AP1加強公害防治 AP2塑造綠地親水休憩環境 AP3建構友善生態 AP4強化治山防洪 AP5打造海綿城市 AP6打造共享經濟	BP1打造智慧政府 BP2營造優質環境 BP3創造臺北新象 BP4優化綠運輸 BP5完善供水品質 BP6打造安全舒適的基礎建設	CP1友善宗教文化 CP2打造影視音產業 CP3提升創造力 CP4保存文化資產 CP5再造臺北品牌 CP6打造友善多元環境 CP7推動智慧觀光城市	DP1 健全商貿環境 DP2 打造創業搖籃 DP3 發展重點產業 DP4 友善就業環境 DP5 健構職場安全體系 DP6 培育優質勞動力	EP1 打造友善生養城市 EP2 強化弱勢關懷 EP3 推動長青樂齡環境 EP4 深化社福力 EP5 滿足居住需求 EP6 完善無障礙交通環境	FP1 優化學前教育 FP2 精進中小學教育 FP3 創新實驗教育 FP4 發展適性特教 FP5 推動全民運動 FP6 推廣終身教育 FP7 建構安全友善校園 FP8 提升多元文化學習環境	GP1 促進市民健康 GP2 精進防疫減毒 GP3 強化食品及衛生安全 GP4 整合緊急救護 GP5 落實銀髮照顧 GP6 提升執法效能 GP7 強化防災及應變機制 GP8 強化交通安全機制	HP1 擴大開放資料 HP2 完善政策溝通平臺 HP3 確保依法行政 HP4 擴大決策參與機制 HP5 簡化行政程序
	學習成長 L	TL1 **培育優秀人力**、TL2 **提升員工政策行銷能力**、 TL3 **強化資訊整合平臺**、TL4 **提升創新學習效能**、TL5 **建立反省改進文化**、TL6 **形塑當責組織文化**							
	財富 F	TF1 **致力開闢財源**、TF2 **清理及活化閒置資產**、 TF3 **減少不經濟支出**、TF4 **覈實編列年度預算**、TF5 **提高預算執行效能**、TF6 **爭取中央計畫型補助款**							

臺北市政府策略地圖

務。我總是強調，政府的職責不是統治人民、管理人民、監督人民，而是為人民服務。臺北市政府不是一個管理的團隊，而是一個服務的團隊。公務員的工作目標是解決服務對象提出的各種問題。無論任何施政計畫或措施，都以人民福祉為最優先考量。

「城市創新」是政府的義務，不是口號。我常說，創新不一定成功，但是不創新一定會失敗。二〇一四年我去舊金山考察，該市的矽谷是高科技產業的堡壘，Apple、Google、Facebook、YouTube、Tesla、Uber、Netflix⋯⋯近三十年來改變世界的公司都在此地扎根，為什麼？有人告訴我：「全世界最會搞學運的大學是舊金山的加州大學柏克萊分校，美國第一個承認同性戀的城市也是舊金山。舊金山一半人口不是本地人，來自世界各地。這是一座具有接納和創新能量的城市。矽谷的高科技與新創產業背後，有一座強大的城市支持著它們不斷前進。」

那次考察，我去史丹佛大學拜訪一位教創投的教授。在座談會上，他對我坦言：「在臺灣做創投是不可能成功的。」我很驚訝，詢問原因。他說：「因為你們一直想要提高成功率。」我訝異地回答：「創投不談成功，要談什麼？」他說：「平均來說，創投公司一年的存活率是百分之十，能夠成功上櫃上市的公司更少，平均成功率大約是百分之二。五十家創投公司裡真正能活下來的不過一家，其他四十九家都會陣亡。創新本身就充滿了挫折，失敗是常態，成功是意外。一心想要提高成功率是錯誤的，真正要做的是建立一個容許失敗且不怕失敗的環境，才能確保創新者永遠存在。」

對我來說，這是個震撼的答案，也促使我認真思考臺北的定位。在我看來，舊金山之於美國，就像臺北之於東亞。我希望臺北能夠成為全亞洲最有創新動力的地方，因為創新也是臺灣唯一的出路。經常有人問：「為什麼臺灣這二十年來的經濟表現不佳？」是的，這些年來，除了半導體產業，臺灣整體經濟表現並不好，但是誰也說不出來到底是哪裡出了問題。在我看來，臺灣經濟遲滯的原因在於產業升級失敗。

我們過度沉迷於過去的成功模式。早期臺灣靠著勞力密集的代工產業，成功賺取大量外匯，但成功讓人迷失且不想要改變，覺得照貓畫虎，持續下去也很好。這就形成最常見的臺商經營模式：過去加工出口區的代工廠商，靠著充裕的人力資源，以便宜的價格代工出口，賺取外匯。隨著經濟發展，社會開始著重環保，土地與人力成本隨之提升。支出增加，但加工廠商的產品價格不變，於是只能轉移到中國東南沿海、珠江三角洲地區這些成本較低的地方，繼續以同樣的方式經營。一段時間過去，同樣的情況再次發生，臺商又待不下去了，再次轉移到西南地區，比如重慶、成都一帶，等到在中國待不下去之後就轉移到東南亞或其他地方。

如果永遠做代工，就只能一直尋找成本低廉的地方。所謂的成功經驗，反而成為不敢突破的限制。我們希望臺灣的經濟榮景不是曇花一現，就得勇敢創新、追求改變。不僅是經濟上創新，在政治上、政府制度上，也要勇敢創新。我曾經詢問市府官員一個問題：「為什麼外面的世界變動得那麼快，我們的政府卻那麼保守、那麼沒有效率？」他回答我：「因為私人企業可以倒閉，但政府不能倒閉，政府必須穩定。穩定是最重要的。」我覺得這個答案毫無道理。什麼叫做穩定？靜止不動就是穩定？政黨都可以輪替了，為什麼政府、公務機關不能講求創新與效率？創新是我們的責任，而且必須現在就改變。很多時候政治人物之所以選擇保守，是為了保護自己的政治權位。

當然，創新不能沒有依據、莽撞實行。就像新藥上市必須先進行臨床試驗一樣，在政治上，任何一個制度的推行，也都應該先做試驗，試驗成功，我們就推廣它，如果失敗了，就必須研究是要修正它再試，還是先暫停，等到更適當的時空環境再試。

然而臺灣社會的習慣是完全不允許失敗，只要一出現失敗就會被批評、謾罵、嘲諷，導致大家為了避免失敗，只能因循守舊，止步不前。所以我們一定要建立一個允許失敗的環境。不是集體承受大規模的失敗，而是在正式推動之前，先做小範圍、有計畫的試驗。接受這種實驗結果的失敗，不斷修正；實驗成功，再正式向外推廣，造福人民。即使實驗成功，也不可能一個制度用到底。我們不可以幻想，一個成功的制度能夠一勞永逸解決每一個問題、長久適用。因為大環境無時無刻不在改變，人口結構、社會經濟，每一個條件的變化都可能改變一切。所以即使制度上路，仍要隨時修正、不斷檢討調整，因應環境的變化和人民的需求。

建立一座宜居永續的城市，是市府團隊的根本願景

很多政治人物在談願景時都說得迷人精采、天馬行空。我認為與其說一些看起來漂亮，實際上做不到的美好，不如追求「質樸」。我對臺北市的願景設定非常明確：宜居、永續。

宜居就是適合人居。我希望人們在臺北生活，能夠感覺快樂、舒適、方便。

永續則是一種價值。人們經常在問：「我們究竟要留下一個怎麼樣的臺灣給下一代？」這個問題就是對於永續的追求。一旦心中有了永續的概念，我們自然而然會思考並推動綠能、環保、節能減碳；抱持永續的價值觀，就會把這塊土地當做是自己的家。

宜居永續，說起來很簡單，做起來卻很繁瑣。對於人民來說，他真正在乎的是影響他平日生活的瑣事，而不是意識形態的選擇。比方說道路是否平整、水溝有沒有疏通、路燈是否會亮……這就是我常說的：政治要落實在人民生活的每一天。

正直誠信，是市府團隊的核心價值

「人活在世界上，每天都在做交換。什麼是你不願意拿出去做交換的？那個就叫做核心價值。」每個人都有自己不可交換的核心價值，對於企業和團隊來說，核心價值的確立更為重要，因為它決定了整個企業、團隊未來的走向。

我進入臺北市政府後，針對「臺北市政府的核心價值是什麼」，與各部門局處討論很久，最後定下「正直誠信」、「開放共享」、「創新卓越」、「團隊合作」四個核心價值。

每年北市府都會舉辦高階和中階文官的教育訓練營，在課程結束時，我會提出一個問題：在臺北市政府的四項核心價值中，你認為哪一項最重要？

早期大家都選擇團隊合作，選正直誠信的人僅百分之三十一。經過七年多的時間，現在選擇正直誠信的人占了約百分之七十七．六。

數據反映了現實。這表示以前北市府的公務人員普遍認為，最重要的核心價值是團隊合作，正直誠信擺後面。但我常說一句話：「沒有正直誠信的團隊合作等同於共犯結構。」這就是政府經常碰到的問題。很多現在看來是大問題的問題，最初都是一些小問題，可是大家明明都知道哪裡不對，仍然繼續在做，誰也不敢說真話，誰也不敢提出質疑。於是這些小小的問題，經過四、五十年後逐漸成為嚴重的大麻煩，甚至變成所謂的歷史共業。

雖然現在選擇正直誠信的公務人員占了多數，但我不敢保證這將近八成的人是不是真的相信正直誠信是最重要的核心價值。可是至少數據表明，大家都知道，身為老闆的我期望的答案是正直誠信。這也表示要改變一群人的觀念，需要花很長的時間。我希望正直誠信內化成為公務人員不會動搖的信念。

很多人都問我：「你這麼努力，到底是想要把這個國家帶到怎樣的境地？」我的答案很簡單：我想要建立一個對的社會。

什麼叫做對的社會？政府是可信的、公務人員是服務人民的、法律是給人民遵守的、司法是公平的、警察是抓壞人的、監獄是關有罪的人，這就是對的社會。這些話聽起來簡單，做起來卻不容易，這也是臺灣政治最大的問題。一個政府如果無法取信於民，要做什麼事都很困難。

拿預算來說，二〇二〇年中央政府國營事業總預算案，直到二〇二〇年五月才通過；二〇二一年更因為疫情之故，國營事業總預算案延遲到該年度的十二月過關，等於一年都要過完了才通過預算。在進度嚴重拖延的狀況下，我們要怎麼要求公務人員計算政府的年度預算執行率？政府又要如何精確掌握財政收支？怎麼推動精實管理？

再舉一個例子，臺灣最好的社會福利制度莫過於全民健保，但健保財務連年虧損，從二〇一七年就已經入不敷出，到二〇一九年，健保赤字達到三百三十九億元，預計二〇二二年底將突破七百七十億元赤字。赤字不只是數字問題，而是收入與支出用度的問題，赤字不會憑空消失，要從別的地方挪撥經費來彌補，或者不斷向人民增補健保費。一個社會福利制度做到連年虧損的程度，它能維持多久？虧損的原因究竟出在哪裡？怎麼沒有人去檢討為什麼？

《全民健康保險法》中明白規定要實施全民健保，必須實施家醫、分級、轉診、論人計酬等制度。家醫制度是讓家庭醫師來照顧病人，比讓病人四處逛醫院更能節省健保支出；分級制度則是從醫學中心、區域醫院、地區醫院到基層診所，把醫院層層定位；最後要設定轉診制度，讓小病在小醫院看，而不是小感冒也跑醫學中心，浪費醫療資源……這些制度雖然白紙黑字訂在那裡，但健保實行了快三十年，至今都沒有被落實。這就是我說的「政府帶頭犯法」，因為法律訂了，也不用遵守。

所以，確立正直誠信的價值，是建立對的社會的第一步，也是建立一個可信政府的開始。

將近八年的時間，我們建立並推行北市府的策略地圖，從基礎出發，根本改善市政施行混亂的問題，讓「為市民服務，替城市創新」成為市政團隊的使命；把建立「宜居永續的城市」作為團隊的願景，打造適合市民居住的環境；而核心價值則是「正直誠信、開放共享、創新卓越、團隊合作」，讓團隊運作更加順暢。在我的構想中，政府是一個協助民間發展的平臺，我們從內部流程改造，能夠讓施政更有效率、更有目標。

政治價值管理：開放政府、全民參與、公開透明

政策有三個要素：民意、專業、價值。

我認為臺灣政治最大的問題是「不尊重專業」，而最難做到的則是「堅持價值」。我主張的政治價值很簡單，就是「開放政府」、「全民參與」、「公開透明」。這不是三個分別的價值，而是一件事。

「開放政府」與「全民參與」要做的是打開政府，對全民開放，重視市民的參與。比方說，從我上任開始就透過「預算視覺化」的網站，向市民介紹臺北市政府如何編列預算以及預算內容，回答市民們關於預算方面的質疑與提問。這麼做，市民可以清楚知道他們繳交的稅金到底被用在哪些地方，也會清楚知道政府是如何用錢、怎麼調整預算的比重，甚至市民也可以就自己關心的項目向政府提案，加入參與式預算的行列。政府資料全民參與，從文化資產審議委員會、都市審議、都市設計、環保全部都做到資訊共享。

我希望能夠建立一個「公開透明」的政府，但要如何達到公開透明？很簡單，就是不要貪汙。沒有汙錢、沒有黑箱作業，政府就不會忌憚讓其他人審視政府內部的運作細節。所以我要求市府一級主管簽訂「透明廉政公約」，並且成立「廉政委員會」，讓一切攤在陽光下。

我為什麼要做這些事？因為民主不是萬靈丹，經常有失控、失靈的時候。我們要如何解決民主失靈的問題？過去我推動器官移植登錄系統時，發現只要整個系統的資料公開透明、人人可見，那麼內部的弊端、烏煙瘴氣的黑幕就會徹底消失。於是我意識到解決民主失靈的方法，就是要讓民主更加民主，解決黑箱政治的方法就是讓整個政府更加透明。當人人都能看見、都能參與，政府就受到了監督，民主也得到了穩定。

當我們能夠堅持這些政治價值，就不會再因短期利益，犧牲長期利益；因少數利益，犧牲多數利益；因政黨利益，犧牲國家利益。

第一部

團隊管理

政治領導者最重要的是為整個施政團隊打造好的企業文化，建立團隊的共同價值、準則與目標，讓每一個人都知道自己所做的工作對社會大眾有益，讓生活在這座城市中的人能夠過更好的生活。

有人問我：「當外科醫生和當市長有什麼不一樣？」我的回答是：「當外科醫生很少聽到謊話，當市長很少聽到真話。」

過去我是臺大醫院外科醫生，除非病人不要命，否則當醫生問他哪裡不舒服時，他如果左邊痛就不會說是右邊。因為當了三十年外科醫生，很少聽到謊話，我失去了辨別謊話的能力。這件事情在進入政壇後成為我很大的弱點，這幾年來我一直在學習如何分辨真假。

雖然白色巨塔裡同樣派系林立、鬥爭激烈，但好歹敵我分明。可是在政治領域裡經常敵我難分，翻盤與變臉速度之快令人驚訝，今天晚上我們說好的結論可能和明天早上你發布的訊息截然不同，毫無誠信可言。這就是臺灣政治環境的現況，也是我擔任首都市長八年來，希望能夠改變的。

在我看來，政治領導者最重要的是為整個施政團隊打造好的企業文化，建立團隊的共同價值、準則與目標，給予團隊成員應有的自主和尊重，讓每一個人都知道自己所做的工作對社會大眾有益，我們的付出能夠改變這個世界，讓生活在這座城市中的人能夠過更好的生活。

僕人式領導哲學

所謂僕人式領導是指管理者不以自我成就為目標，而是以「協助他人完成任務」作為領導準則。僕人式領導的精神以服務人民為念，樂於共享資源，發揮「公僕」的特質，大家勤勤懇懇地為人民做事。

這是我希望樹立的領導風格。

用務實的態度處理人民生活的問題

在醫院工作的那幾年，養成我許多做事態度和準則。比方說，外科醫生都有一個特點：務實。

做醫生不務實不行，假如一個病患送進來，手術前的臆斷是大腸破裂，但實際開刀一看發現是小腸破裂，那麼醫生該如何處置？當然是趕緊縫合小腸，而不是按照原先計畫去開大腸的手術，否則病人就要沒命了。這就是務實。解決真正該解決的事，不要逃避或掩蓋問題，在一些無關緊要的細節上

> 僕人式領導的精神以服務人民為念，樂於共享資源，發揮公僕的特質，大家勤勤懇懇地為人民做事。

做文章。

把這樣的務實態度帶入市政建設，我相信政治的重點不在於意識形態、統獨爭論，而是要落實在人民生活的每一天，把大眾的福祉放在第一位。我從政的目的很簡單，就是盡量讓每一個人都能高高興興地過日子，讓大家的生活過得更好——這就是務實。

結果是檢驗真理的唯一標準

我強調「結果決定論」。以腸破裂的案例來說，不管醫生選擇用怎樣的手術工具和縫線，重點是開刀之後手術成功，病人能夠活下去。所以我主張結果是檢驗真理的唯一標準。

就拿臺北市政府先前執行「包租代管」的策略來說。根據統計，臺北市一年以上未住人的空屋有三萬六千戶左右。看到這個數據，我不禁疑惑，如果有三萬六千戶空屋沒有出租也沒有住人，市政府為什麼還要拚命蓋兩萬戶社宅？仔細思考之後就會發現，比起蓋社宅，如何讓空屋進入出租市場，更可能有效改善房屋供需失衡的現況。

但是另外一個問題隨之而來。臺北市政府做了一整年的「包租代管」服務，結果只租出去七百多戶。一邊是三萬六千戶空屋，另一邊是透過包租代管服務只租出去七百多戶，這兩個懸殊的數據顯示出：我們的包租代管制度有問題！

要解決問題，必須先承認問題。我們得承認現行的包租代管制度有漏洞，想辦法修正、改進，比方說調整配套措施、檢討規則並重新修正制度等等。我不會因為這是我推動的政策，礙於面子與自尊就拒絕承認它失敗。

不行就是不行，結果錯就是錯。不管當初推行這個制度的立意多麼良善、花了多少力氣，但是當結果出現問題時，就必須面對問題、處理問題，不能裝作沒看到，或是想自圓其說，甚至撒謊隱瞞事實。結果是檢驗真理的唯一標準。當結果不好的時候，不要懷疑，一定是方法錯了，必須重新改過。

我認為凡事必須「向前看，不猶豫」。人非聖賢，孰能無過？很多事情搞砸了就老老實實承認是搞砸了，是自己的錯就坦白認錯，因為考驗還會再來，坦白認錯，好好檢討，認真改進，才能夠應付下一次的考驗與挑戰；不肯認錯，就是下一次繼續搞砸。檢討之後，把這個失敗案例的情緒迅速收拾

> 當結果出現問題時，就必須面對問題、處理問題。結果不好的時候，不要懷疑，一定是方法錯了，必須重新改過。

整理，再面對下一個挑戰。否則一直籠罩在上個失敗案例的陰影之中，也會干擾下一個案例的成敗。

很多時候我們要學會「認賠殺出」，不要為了無法挽回的事情浪費精神。實踐出真理，但也可能實踐出錯誤。有錯就改，有改就是進步。每一次修正都會讓我們往更好的方向前進。

培養正直誠信的價值觀

我一再強調「正直誠信」，如果我在兩屆市長任內能夠留下些什麼，最希望留下的就是這四個字。我希望它根深柢固內化成為所有臺北市政府員工心中不可動搖的信念。

過去在臺大外科加護病房，護理師每八小時輪班，醫生是十二或二十四小時換班。因為需要交班，所以夥伴之間一定要彼此信任，要講實話，前一班的醫護人員必須坦承告訴下一班的人，這段時間發生的所有問題，無論是病患的管路鬆脫或異常流血，或者有其他方面的問題……即使是自己的疏失，也不能因為害怕承擔責任而隱瞞。如果醫護為了逃避責任，你騙我、我騙你，彼此不說實話，就無法好好照顧病人。碰到這樣的醫療團隊，不會死的病人也會死。所以誠信是急重症醫療體系裡最寶貴的價值。

但是在政府部門裡，正直誠信往往淪為敷衍的口號，很少被落實。人們經常看到的是官官相護、推卸責任、說話避重就輕，而這麼做的後果卻是全民一起承擔損失。一個不講正直誠信的團隊無法面對現實，更遑論檢討問題，於是沒有一件事情能夠真正被完成，也沒有問題能夠真正得到解決！這是為什麼我一直強調，團隊最重要的核心價值就是正直誠信、彼此信任。

政治要精確，不要模糊

我倡導「精確」的文化。在急診室搶救病人的時候，醫生一定會清楚告訴護理師，強心劑要打多少劑量。打一支就是一支，打半支就是半支，不會有哪個醫生告訴護理師：「強心劑打半支到一支的量！」試想，收到這種命令的護理師該怎麼做才好？他根本無從判斷到底要打多少。不明確的命令比沒有命令更難執行。

可是我踏入政治圈之後，很多人都告訴我：「政治講究的是模糊。」這對我來說根本不可理解，也是我一直想要改革的文化。

快速與效率是致勝的關鍵

有人曾經批評我：「講話快、走路快、吃飯也快，什麼都快，到底是在急什麼？」其實迅速是我在外科醫師的生涯中養成的習慣。試想，一個病人心臟停跳五分鐘，就算勉強救回來也是植物人，所以如果要救人，就要馬上採取行動。過去我在外科加護病房工作時，經常面對生死交關的情況，所以在任何方面都很講求速度和效率。如果做事拖拖拉拉，等到關鍵時間過去，做什麼補救都沒有用。

現實環境中，很多時候不是大的打敗小的，也不是強者打敗弱者，而是速度快的打敗速度慢的。速度是致勝的關鍵。即使是進入政壇，我也一直秉持這個態度，解決問題必須快、必須講求速度。把人民的小問題當成是政府的大問題來看待，盡可能迅速解決問題。

“很多時候不是大的打敗小的，也不是強者打敗弱者，而是速度快的打敗速度慢的。”

相信專業與科學，勇敢向人民說實話

尊重專業是一種文化，建立對專業的信任很重要。舉例來說，日本核食到底能不能進口臺灣，引發朝野論戰，吵到最後淪為「誰不愛臺灣」、「誰更愛臺灣」的口水戰，反而失去了焦點。在我看來，想要管控核食，應該先建立一套合理的標準，限定放射性高於多少的食品不得進口，在安全值以下的才能進來，這才是真正處理問題的方法。

歐盟、美國在這方面都有一套明確的檢測標準並嚴格把關。但是臺灣政府不以科學態度面對問題，也不敢向人民說實話，只能含糊拖延，要拒絕不敢拒絕，要同意也不敢同意，最後竟然不談標準，直接把開放核食進口的議題付諸公投，這是不負責任的表現。

政治不可以凌駕專業，政府應該有向人民坦誠直言的勇氣。當然，專業也會出錯，可是專業出錯的機率很低，而且出錯再改正就好了。尊重專業、相信專業，是一種必要的政治態度。

統計是政府施政的基礎，政策必須有數據為基準

證據就是數字。數字、數字、數字，數字是決定政策的基礎，尤其是人口數字，特別重要。我曾開玩笑地說：「沒有統計，就沒有統治。」這話雖然是玩笑，但所有政策確實都要研究人口結構的變化與發展。

比方說，做城市規畫之前，第一件要做的是人口調查。政府必須至少要能夠推估未來十年內該地區人口增長、男女比率、年齡分布等等變化，對未來有一定的預設，才能針對需求做規畫。有了數據，計畫才能務實。

近年來，臺灣平均每年死亡人數都超過出生人數，少子化的現象非常明顯，除非我們改變政策，放寬外國移民的移入申請，否則以現階段每年約一萬名移入人口來看，即使加上出生人數，臺灣仍處於人口負成長。假使十年、二十年內情況不會有太大改變，我們就必須檢討前瞻建設中許多預定的軌道建設計畫，是否有必要實行？因為建設軌道後續還要有足夠的乘客、流量去支撐營運與修繕。但是展望未來，臺灣是否有足夠人口去支撐這些新的軌道營運？這是政府在預定計畫之前必須好好思考的問題。

再舉一個例子。為什麼近年來我們積極主張發展人工智慧？人工智慧除

了是一種趨勢，也與人口結構變化密切相關。很多人口密集的國家，例如印度、馬來西亞是靠人口紅利在支撐國家的GDP，他們不太談人工智慧是因為其發展將減少人力需求，對於這些國家來說，一旦產業減少對勞力的需求，將嚴重不利於他們的經濟發展。

反觀臺灣，現階段少子化的狀態，發展人工智慧，減少勞工、人力方面的需求，恰好與未來的趨勢相符。因此在政策安排上，我們必須多思考新科技與人口結構相輔相成的可能。

承擔責任，向人民解釋政策

當醫生經常要向病人與家屬解釋病情、說明醫療方法，即使病人無法可救，醫生也要勇敢向病患家屬坦白說明情況，取得諒解。這在醫療領域中是很重要的。但是我進入政壇之後發現，這個環境裡很少對話，經常都是「相罵」。許多政府官員也很少想過要和民眾對話，好好解釋政策與施政方面的問題。他們經常「埋頭苦幹」，有的人甚至做到滿腹委屈，可是從不覺得有必要和人民溝通、解釋，結果政策推行起來，民眾抱怨，政府官員、公務人員也覺得沮喪，彼此都不諒解對方，事情沒有處理好，反而衍生出一堆問題。

我的想法是，我們應該用事前的溝通取代事後的衝突，在推行政策之前，找出可能遇到的困難，先解決人的問題，事情才容易辦成功。

吃苦耐勞、精益求精

有句話我經常掛在嘴邊：「只有不小心全軍覆沒，沒有不小心大獲全勝。」所以，吃苦耐勞非常重要。我當醫生的經驗是，不管醫生技術多好、經驗多麼豐富，只要身邊人員稍微疏忽，沒有做好器械消毒，或者上廁所後沒有按照規定做手部清潔，大腸桿菌順著點滴進入人體血液裡，病人感染菌血症，死亡率至少五成起跳。

在醫院，好的醫生不只是他一個人厲害，而是他訓練出來的護理師也必須同樣厲害，動作確實徹底、完美準確。臺大醫院為什麼聲譽卓著？除了醫生優秀，還有一批素質很高的護理師從旁協助。那是一百多年來，一天又一天不斷操演、不停鍛鍊，努力提升的結果，讓整體素質到達了很高的程度。

> 用事前的溝通取代事後的衝突，找出可能遇到的困難，先解決人的問題，事情才容易辦成功。

所以我常說：「偉大的不是俾斯麥，偉大的是普魯士陸軍。」

同樣的，好的政府要吃苦耐勞，不只公務員耐操，政務官與管理者也要以身作則，認真把每個小問題都解決了，就不會有大問題。上位者行為端正，底下的人就不敢亂來，所以我常說，就是因為我吃苦耐勞的性格，加上每天緊盯，才能積少成多，完成了還債五百七十億元的艱難任務。

改革人事：建立文官遴選與評鑑制度

我是臺灣第一個專職的外科重症醫師，曾負責管理臺大外科加護病房。加護病房的工作是永無休止的，只要病人沒有離開，我就永遠有責任，等於二十四小時值班，經常白天天亮去上班，晚上很晚才下班，但是半夜電話一來又被叫回醫院。雖然工作辛苦，但是病人需要、家屬需要、醫院需要，我就去做。

後來我去明尼蘇達大學醫院外科研習，發現美國的醫院有臨床藥師制度。每次醫生查房，身邊都會跟著藥劑師。藥劑師會檢查醫生開的藥物，確認有沒有藥物過量和交互作用，還會根據病人的抽血檢測藥物濃度後做調整。這與臺灣的藥劑師總是待在藥房裡，根據醫生處方配藥的情況大不相同。我認為臨床藥師制度非常好，所以把它引入臺灣，推廣實施。

我也引入葉克膜，經過研發與創新，又成立了臺大醫院的葉克膜小組。在葉克膜的幫助下，心肺移植手術成功率大幅提升，臺大醫院當時成了全亞洲心臟、肺臟移植手術最多的醫院。

從葉克膜技術的研發與器官移植技術延伸擴展，我對於生死有了很深的體悟，考慮到器官移植的需求與日俱增，希望能給每一個病患公平的機會，所以我設立器官捐贈移植登錄系統，也參與安寧緩和醫療條例的修法。

我當過創傷醫學部主任，為了解決臺大醫院急診室病患壅塞、超長暫留的問題，引入美國整合醫學照護治療制度（hospitalist system），於二〇〇九年建立了急診後送病房。我在這個病房設立專責的主治醫師，推廣新的醫療制度，施行之後，無論是病人治療效果、病房管理、醫療成本方面都有很好的成績。

細數這些過去不是為了誇耀，而是證明我一路走來總是在做同樣的事：

哪裡有什麼需要，就去那裡；哪裡有什麼問題，就去解決問題。

對於政治，我抱持同樣想法。從政就是去做社會需要解決的事。用醫學的角度來審視國家的問題，這個國家需要什麼，我們就想辦法給予或創造；它不需要的、多餘累贅的負擔，我們就把它拿掉。簡單說就是：解決問題。

文官制度敗壞導致社會空轉

從解決問題的角度來檢視臺灣，會發現二〇〇〇年是臺灣整體發展的分水嶺。二〇〇〇年以前的臺灣還算穩定；二〇〇〇年之後，每一次政黨輪替、總統換人，整個政府就要空轉一段時間。前人的制度無論好壞經常都會被廢棄，新的制度還沒有準備就緒就會倉皇登場。過去國民黨雖然長期一黨專政，但也因此政府制度穩固，政策有延續性，陸續培養出像孫運璿、李國鼎、趙耀東這些具有經濟特長的技術性官僚，為臺灣經濟打下了良好的基礎。然而二〇〇〇年之後，文官制度被破壞，情況就大不相同了。

什麼叫做文官制度？在政府體制裡，有政務官和事務官的分別。政務官是指跟隨政黨選舉成敗、政策改變而進退的政務人員，比方說各部會首長或

> 從政就是去做社會需要解決的事。

是政務委員、政務次長。這些人雖然參與國家決策，可是只要政治環境改變，比方說政黨輪替或不再續聘，他們就會離開職位，返回本業。而文官制度針對的是事務官，就是我們常見的公務員。事務官是執行政策的官員，職務不受政治環境的變動而改變。

理論上，事務官應該要維持制度的穩定，不受政務官變動的影響。可是二〇〇〇年以後，由於政務官過度擴張，每換一任執政者，許多文官的工作就被換掉，漸漸地沒有人願意對整體制度做長遠性的規畫，因為外在環境幾年一變，文官也隨之變動，誰會想要耗時費力去設想與解決長期的問題。

實務上常見的情況是，上層一旦換人，底下也就走馬換將，政策立刻出現大轉彎，過去的努力完全白費。再加上政黨力逐漸凌駕於國家力，文官失去了專業性與穩定性，政府的政策推動缺乏專業討論，取而代之的是意識形態的無效爭論。

有鑑於此，我擔任臺北市長後在市府官員與公務人員的體制上做的最大改革，就是設計遴選制度和首長互評、滿意度調查與外部評鑑制度。

遴選制度讓文官升遷有據，公平公開

遴選制度適用於十職等以上的官員。當一個主管或首長職位出缺，我們會組織遴選委員會來擔任初步遴選的工作。比方說，如果今天社會局副局長出缺，因為副局長屬於十職等以上的官員，所以社會局會組織遴選委員會。

為了避免爭論，遴選委員會的成員一定是單數。假使有九位遴選委員，那麼其中三分之一由市長室指派，另外三分之二由社會局代表成員擔任。市長室會指派什麼人參與遴選委員呢？通常是市政顧問或邀請外界專家學者參與。而社會局的代表裡，除了局長或副局長，還必須有票選的員工代表與外聘的學者專家。

也就是說，遴選委員會的成員包括府內員工、府外專家學者，有上層的主管，也有底層的職員，成員多元，來源不單一。我們希望遴選委員不要是同溫層中的那群人，而是盡可能多元開放。

遴選委員確認之後，我們會發布徵才公告。徵才不僅是對內，也向外，只要符合條件資格，都可以報名參加。對外公告的時間一定要足夠，譬如我們會嚴格要求，至少預留三個星期的報名時間，絕不允許倉促草率。

報名截止後，先由人事室檢查報名者是否符合條件。完成檢查，再通知符合資格的候選者前來報告、答詢。遴選過程中，所有遴選委員都必須出席，整體遴選過程採用分數計算，覺得適任就打圈，沒有意見就標示三角形，不適任就打叉。最後再計算總分，打圈加一分、三角形是零分、打叉扣一分。如果有九個人投票，每個人都打圈，就是正九分；如果每個人都打叉，就是負九分。透過計算加總，每個候選人的分數自然會出現差距。

這只是第一輪投票。投票結束後，前三名且總分為正分的候選者會進入市長室第二輪投票。

兩輪投票避免黑箱作業

市長室投票的成員包括市長、三位副市長、秘書長和三位副秘書長，還有市長室顧問與輪值委員。什麼是輪值委員？在每天的晨會中，除了固定的成員出席，三十一個局處的局處長，每月有五位要加入晨會作為輪值委員。這是比照聯合國安理會中，常務理事會與輪值理事會的制度而設計的。

市長室的投票同樣採用圈、叉、三角形標示，最後再計算分數。通常我們會取最高分的人擔任職位。當然，對於結果，市長具有否決權，可是想要動用否決權有一個先決條件：市長必須公開向會議中的所有成員說明，為什麼要這麼做。事實上，在這麼多年的運作中，我記得只有一、兩次特殊狀況，在決選時，當分數相差一、兩票的時候，我動用了否決權，選擇了分數較低的候選者，而且每一次我都公開說明原因。

這項制度執行了七年多，我們漸漸發現，通常第一輪投票時如果票數差異懸殊，第二輪投票的票數也會懸殊。除此之外，幾乎沒有發生過兩輪投票結果有巨大反差的狀況。這表示在一套公正公開的遴選過程中，當遴選委員組成多元、內外兼備，整個流程沒有黑箱操作，人們對於誰是最好的選擇，想法經常是一致的。

當然，這套遴選制度在實際施行時，也修正過許多小細節。

有一次遴選，在市長室投票的階段，一位副市長開口詢問：「我們是不是應該讓府內的同仁優先？」就因為這句話，投票結果被翻盤，與第一次結果大不相同。此後我就規定，投票之前誰都不許說話。

除了遴選制度，我們還有平調的規則。什麼叫做平調？比方說一個局處有好幾個處長，固定輪調，這是為了避免一個人在職務上待太久，容易出現弊端。平調可以不經過投票，但凡是關乎升遷的都要投票。

遴選制度在臺北市政府造成的影響是巨大的。當文官發現原來個人升遷不再只是由上級長官一通電話決定，他不需要去討好誰、看誰臉色之後，便開始能夠勇敢做事。只要他好好工作，旁人的眼睛都是雪亮的，自然會發現他的長處。

之前有位處長要轉赴中央任職，離職前，她特地來市長室跟我辭行，雖然我們共事期間曾意見相左，也讓她壓力不小，但她特別來向我感謝有這樣公平遴選的制度，否則她可能永遠無法得到升遷的機會。這也讓我更加堅定落實這個制度，讓好的人才、認真做事的人被看見。

升遷管道公開透明，文官勇於任事

二〇一八年我競選臺北市長連任時，競選辦公室被北市府建管處抄掉。這是一個很有趣的故事，我經常在演講或座談中論及此事。以往每到選舉期間，候選人通常要租一間競選辦公室或競選總部。連任選舉時，考量到我的預算有限，又覺得競選初期團隊成員不多，於是選了一家共同工作空間

（Co-working space）作為競選辦公室。這種分租的工作空間可以按照座位的數目租賃，很適合我競選團隊的需求。結果沒想到那家共同工作空間因為違反建管處的土地分區使用管制（六米以內的巷道，兩旁的房子只有一、二樓可以做辦公室，三樓以上不行），遭到議員檢舉，最後被臺北市政府的建管處查處。

消息傳開後，有些人說我做了四年的市長，居然連自己的競選辦公室都保不住，簡直不可思議。但我不這麼認為。我覺得一個競選連任的現任市長，競選辦公室被他管理的市政府建管處依法給抄掉，這是真正的法治社會該有的表現。

「王子犯法與庶民同罪」，這句話五千多年來都被視為只是一個理想，今日卻在臺北市被真正落實了。法治社會就應該要一視同仁，無論市長也好、人民也罷，每個人都一樣，都要遵守法律。這件事情也證明了北市府在進行遴選制度後，官員們開始能夠依法行政，不再處處看著上級的臉色行事，也不用擔心如果未來市長連任，自己會遭到清算、升遷會受到影響。當官員能夠無所畏懼，他就能無愧於心坦然執行任務，做好每一天的工作。

這也是為什麼我大力推動遴選制度，我希望人事的升遷不再由市長或局

> 建立一個不因為政務官更迭、政權轉移而影響文官工作內容的文化與制度，臺灣才有可能擺脫淺碟政治的惡性循環。

處長的好惡所決定，而是讓真正有能力、肯努力的人能夠出頭。唯有建立一個不因為政務官更迭、政權轉移而影響文官工作內容、計畫大轉彎的文化與制度，確保公務人員能夠問心無愧、中立地工作，臺灣才有可能擺脫淺碟政治的惡性循環，能夠真正永續發展。

內外評鑑制度督促市府首長進步

對於徵才，我們有遴選制度；對於市府首長和主管的工作績效，我們設立了首長互評、員工對直屬長官的滿意度調查與外部評鑑等方式，以期全方位評價首長的優劣表現。

首長互評一年兩次，員工滿意度調查一年一次，採用五級制，分為：很不好、不好、沒意見、好、很好。互評的時候，我們會發調查表給所有局處長官，讓他們彼此評價。員工滿意度調查時也採用同樣方式，寄發電子郵件讓部門員工替主管、首長打分數，最後統計結果。

除了互相評鑑、滿意度調查之外，我們還有一套外部評鑑。譬如針對教育局長，每年會發調查表給家長會、各級學校校長和各校教師會，請他們針對局長的工作狀況、滿意度給分，同樣採用五級分。由此類推，勞動局局長的外部評鑑則由臺北市各產業工會來進行。

做評鑑要不要花時間？當然。但是即使耗時費事，也一定要做，因為我很清楚，一個機關之所以難以進步，正是因為缺乏評鑑制度。沒有評鑑，就沒有指標，沒有指標，就沒有督促的力量與進步的動力。

這些評鑑從開始施行至今，我得出一個簡單的結論：評鑑中排名第一、第二沒有太大意義，但是排名最後的人必定事出有因，一定要加以檢討。如果十個人中有一個人批評你是驢子，我們不要理他；但如果十個人中有九個人都批評你是頭驢，那麼你就有問題。

重建文官制度要從建立公平的遴選制度、評鑑制度開始。我希望透過這些制度，讓每一個人都知道，擔任局處長官、主管不可以為所欲為，做得好、做得壞都有評鑑監督。人在做事天在看，這裡說的「天」，不是上天，而是身邊的其他人，包括同僚、下屬，還有「顧客」，就是我們服務的對象。升遷是由公正的投票制度所決定的，而不是高層的好惡；上位者也必須時時謹記自己的工作職守，保持良好的工作態度，因為全方位的評鑑制度一定會讓想要偷雞摸狗的人無所遁形。

當然，一套新的制度要推廣，難免會有衝突和適應期。記得我第一年上任，建立起這套制度的時候，市府內部很多人抱怨這些作法太嚴苛了。當時北市府平均員工離職率高達百分之九．五八，媒體大肆批評，說這是「柯文哲的首長逃亡潮」，還說「柯政猛於虎」。到了第二年，離職率還是很高，可是從第三年開始離職率逐漸下降，然後逐年降低，甚至比之前還低。

這意味著如果我們想要推動一套公平公正的新規則，讓它成為團體的文化，必須不為外力所動，堅持執行。起初一定會有許多不適應的人選擇離開，但熬過陣痛期，大家漸漸感受到這套制度的好處，就能接受它。

臺北市政府最重要的制度：晨會

臺大醫院的外科分成好幾個部門，包括心臟外科、胸腔外科、神經外科、一般外科、小兒外科、骨科外科、整形外科……其中我印象最深刻的，是前胸腔外科主任李元麒教授。在我擔任住院醫師第一年的時候，環顧教授群，幾乎個個身高一八〇，每次巡房都走路有風、派頭十足。唯有李元麒教授身形偏瘦，個頭不起眼，看起來沒那麼威武。然而他帶領的胸腔外科連續十五年表現亮眼，手術量每年以百分之五到十的幅度成長。

以成長的比例而言，胸腔外科成長最多。我每次看到李元麒教授都在想：他到底做了什麼？他和其他部門主任有什麼不一樣？為什麼他領導的胸腔外科能連續十五年正成長？

後來我發現他有個過人之處。我認識他二十多年間，他從未在自己所主持的任何一場會議中遲到。只要開會時間一到，他就坐定在會議室前方中間走道左邊的第一個位置。永遠都是開會時間到了，他已經坐在那裡。

對很多人來說，準時出席會議、準時上班不過是小事，可是當上層的管理者以身作則，嚴格執行，其他人也會重視這件事。很快的，整個科的紀律就會建立起來。試想，如果主任每一次開會都準時到，態度認真，那麼他帶領的主治醫師們敢遲到或懈怠嗎？底下的總醫師和住院醫師們，又有誰敢偷懶、敢拖延？在這樣的氣氛下，胸腔外科的專科護理師、實習醫生必定也是行事嚴謹。

《論語》中孔子曾說：「無為而治者，其舜也與！夫何為哉？恭己正南面而已矣。」恭己正南面，意思是恭恭敬敬地端正自己，坐在面向南方的位置。以前我讀這一段時總不明白，恭敬端坐不是很簡單的一件事，為什麼孔子特別提出來表示讚嘆？後來我從李教授的身教才理解「恭己正南面」的真正意義：管理就是從小處做起。

當管理者能夠以身作則、正直認真，那麼他領導的團隊自然會跟隨效法，蛀蟲不生，也不會有什麼「怪怪的事情」發生。

這也是為什麼我進入北市府之後，首先就建立起晨會的制度。

透過晨會，打破公家機關分工不合作的常態

這八年任期間，臺北市政府每天召開晨會，但是誰需要參加晨會？除了市長和三位副市長、秘書長與三位副秘書長，再加上研考會主委與市政顧問們，這些是固定班底。另外，每個月都有輪值的局處長參加，平均每個局處長一年至少會輪到一次。還有業務相關人員，但只限科長以上。

晨會在每個上班日的早上七點半開始，討論的內容分為固定事項與緊急事項。固定事項很早就會排定計畫執行，緊急事項就像是臨時動議，可以按

> 當管理者能夠以身作則、正直認真，那麼他領導的團隊自然會跟隨效法。

照需求插入討論。每一場會議都會排定市長室的幕僚撰寫會議紀錄，再交給各局處按照結論執行。

我特別在會議室裡選掛一幅字，寫著：一堂和氣。這是有典故的。清朝時期，雍正皇帝曾經在紫禁城乾清門外的軍機處寫上「一堂和氣」的匾額。我常開玩笑說晨會就像是軍機處，但其實真正重要的是那四個字的含意。參與晨會的成員各黨各派都有，對於市政各有各的看法、各有各的立場。我們可以討論、爭執或各抒己見，但不要忘記大家都是同舟共濟的夥伴，無論結果如何，都要團結合作，共同為臺北市民謀福利。

為什麼要設立晨會制度？因為政府部門眾多，各司其職，看似分工明確，但是經常是各幹各的，很少注意橫向交流，時間一久，各自為政，難以協調，形成所謂的「穀倉效應」（Silo Effect）：企業內部因「過度分工」而缺少溝通，一個個部門或營運單位就像一個個高聳的獨立穀倉，鮮少分享與交流資訊。公家機關最常見的缺點就是：分工，不合作。

要打破穀倉效應，就要採用「矩陣式管理」。市政府有很多跨部門的案子和活動要進行，每次決定要推動一個計畫的時候，我們就會先討論要由哪幾個部門一起合作。如果一個局處部門可以解決，就讓他們自行處理負責，但如果需要跨部門合作，就必須指定一個PM（負責人）來監督。市長室有三位副市長、一個秘書長和三位副秘書長，我們會從這七人中指定由誰擔任計畫的PM。

以北投無圍牆博物館來說，這是臺北市第一個無圍牆博物館，一年四季都有不同的活動主題，每個活動主題由不同的部門主辦。春天由北投區公所負責，夏天輪到北投圖書館，秋天是凱達格蘭文化館主辦，進入冬天後則由北投溫泉博物館承接，等於一個長期計畫裡有四個局處負責。此外，與北投無圍牆博物館相關的新北投車站所在地，是由捷運局和捷運公司管理，車站旁邊的木造古蹟則隸屬於文化局，北投圖書館往上延伸是教育局，而凱達格蘭文化館則屬於原民會，溫泉博物館

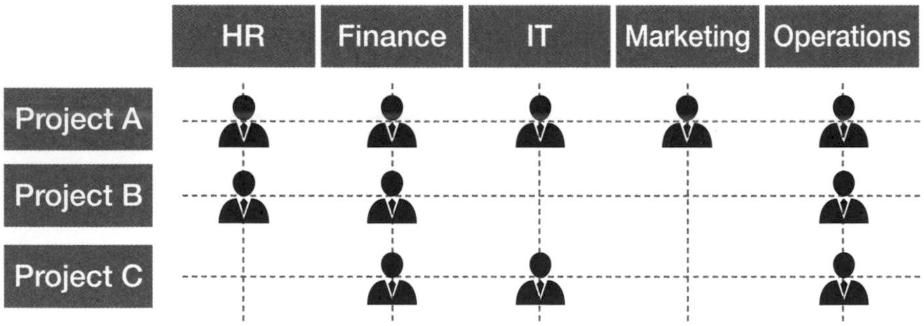

矩陣式管理

和附近的地獄谷則由北市觀傳局管理。也就是說，想要在這一塊區域舉辦活動，需要各單位的協調與合作，誰要做什麼、誰不要做什麼，事先都必須有明確的分工。

再加上這樣的活動背後一定還牽涉到修繕和施工，誰先誰後、孰輕孰重，更需要事先做好明確的規畫，以及在進行過程中不斷協調。所以我們透過矩陣式管理，由PM負責協調監督，如果有衝突或問題，就在晨會的時候拿出來一起討論。

晨會紀錄公開透明，杜絕私下傳話與黑箱作業

市府的晨會就像是醫院裡門診加急診的混合體。我們有預先排定討論的內容，每天按表操課，就像門診醫療；我們也可以處理緊急情況，讓公務人員「掛急診」，給他們緊急申訴的管道，讓他們能把困擾的、無法解決的問題提出來，大家一起討論。

我特別規定，凡重大案件涉及法律糾紛或涉及重大決策，利害相關人等必須全員到場，有什麼話就在晨會裡當著大家的面說清楚、講明白，誰也不

許背地裡跑來跟我說話，或是傳話給我聽，這些私下的傳話，我一概拒絕。召開晨會的目的，就是要讓每一件事情都能公開透明。

我認為，壞消息往上傳的速度決定一個團體的好壞，最糟糕的情況就是一言堂的模式，上頭講了什麼大家都不敢吭聲。所以凡是各種關於施政的建議、政策的辯論，我都非常歡迎，因為經過集思廣益後，總是會有比較好的結果與可能性。

再者，由於每一個計畫都有PM負責，避免了跨局處的案子因為沒有人想要承擔責任，所以互踢皮球、推諉卸責。如果一個活動沒有任何局處能夠負責統籌，我們就派府級長官負責計畫的推動與執行。所以只要是我們提出的案子，一定會有長官負責到底。

每天晨會的紀錄也完全對外公開。我們的會議紀錄有幾個特色：

第一，不准寫逐字稿，會議紀錄絕對是一張A4紙寫得完，只寫條列式的結論和追蹤事項，內容清楚明白。

第二，會議結束後二十四小時內整理好紀錄，列印出來，送進市長辦公室簽核。

第三，市長會匡列需要列管的案件，標明預計完成的時間。

> 壞消息往上傳的速度決定一個團體的好壞。

第四，原稿掃描存檔，會議清稿之後，用LINE發送給臺北市政府所有主管與機要。

北市府有多少人可以收到這份紀錄？根據群組紀錄，大約有一百六十多人。為什麼無論參加與否，我們都要把晨會內容發送給他們？因為我要讓所有人都知道今天晨會中決定了什麼。再說得明白一點，寄給一百六十人就等於寄給了全世界，如果晨會中有任何不清不楚、黑箱作業，等於直接對外揭露。但柯文哲的團隊不怕外界的檢視，公開透明是我施政的原則，我們的決策可以讓全世界都知道。

以專案列管系統落實責任政治

市政府有各種委員會、各種專案會議，我們盡量把市長有參加的會議，全部併入同一個會議管考追蹤系統。市長會匡列需要列管的案件，標明預計要完成的期限。接著，秘書會把這些資料寫入網路雲端系統，清楚標明列管日期、負責的局處、負責的PM、追蹤事項、會議記錄者，最後標注預定完成日期。每個局處都可以自行上網下載資料，檢查自己必須執行的工作。

按照規定，市長室負責當日會議紀錄的人，就是列管案件的追蹤者，而PM就是被追蹤的人。一旦PM完成工作，可以向追蹤者提出相關資料證明，要求解除列管。假使追蹤者發現資料不符合解除列管的標準，也能駁回或進行溝通。

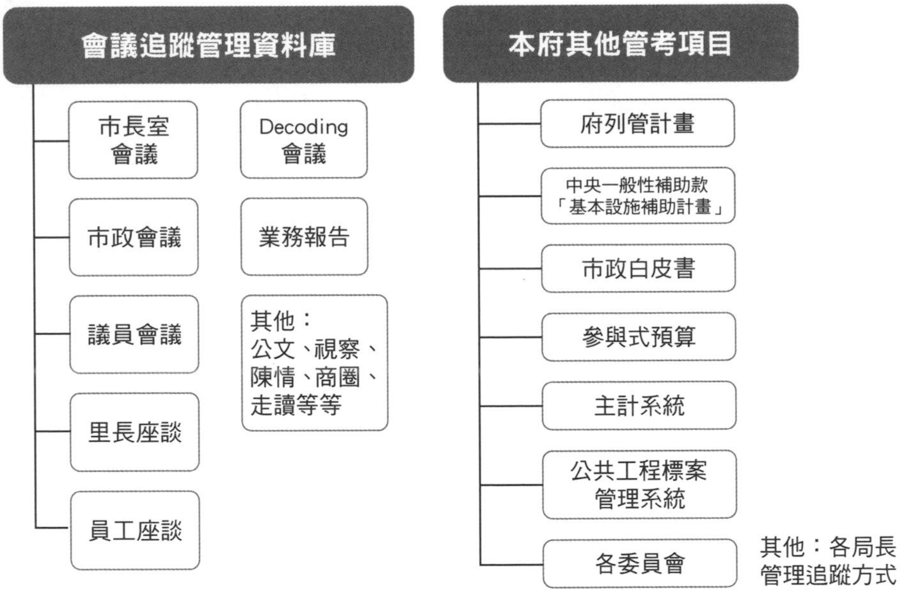

會議管考追蹤系統

我們每兩個星期會開一次解列會議，會議成員有市長、秘書長、研考會和市長室幕僚。我有三位幕僚，負責會議紀錄和追蹤列管案件。開會的時候，大家逐一提出解列案件的申請，由我確認。我認為達到解列標準，才能真正解除列管，如果覺得不行，就會發還審查、退回去再處理。

為什麼要建立這麼嚴格的追蹤和解列制度？因為市府的案件、工作項目太多也太複雜了，一定要建立一套作業流程才能確實管理。如果大家都只是口頭說說，所有工作都會流於形式與敷衍。有這樣一套公開的檢核制度，大家都知道是市長親力親為也會追蹤到底，就沒有人敢敷衍卸責。

我對時間的要求絕對嚴格。每一項列管的案子、計畫，會先按照重要性與急迫性打出一個總分。成案七天之內，ＰＭ如果覺得執行時間太過倉促、無法辦到，需要延長時間，可以和我溝通要求展延。超過七天之後就不許再來修改時間。因為從成案開始，這就是ＰＭ必須負責的工作，不可以把一項任務丟在一旁不聞不問，等到事到臨頭，眼看做不完了，再來跟我說「辦不到」、「要延長時間」。

我們是法治國家，法治必須從政府單位落實時間管理做起。

當然，可能會發生各種問題導致任務無法如期完成。無法如期完成的案

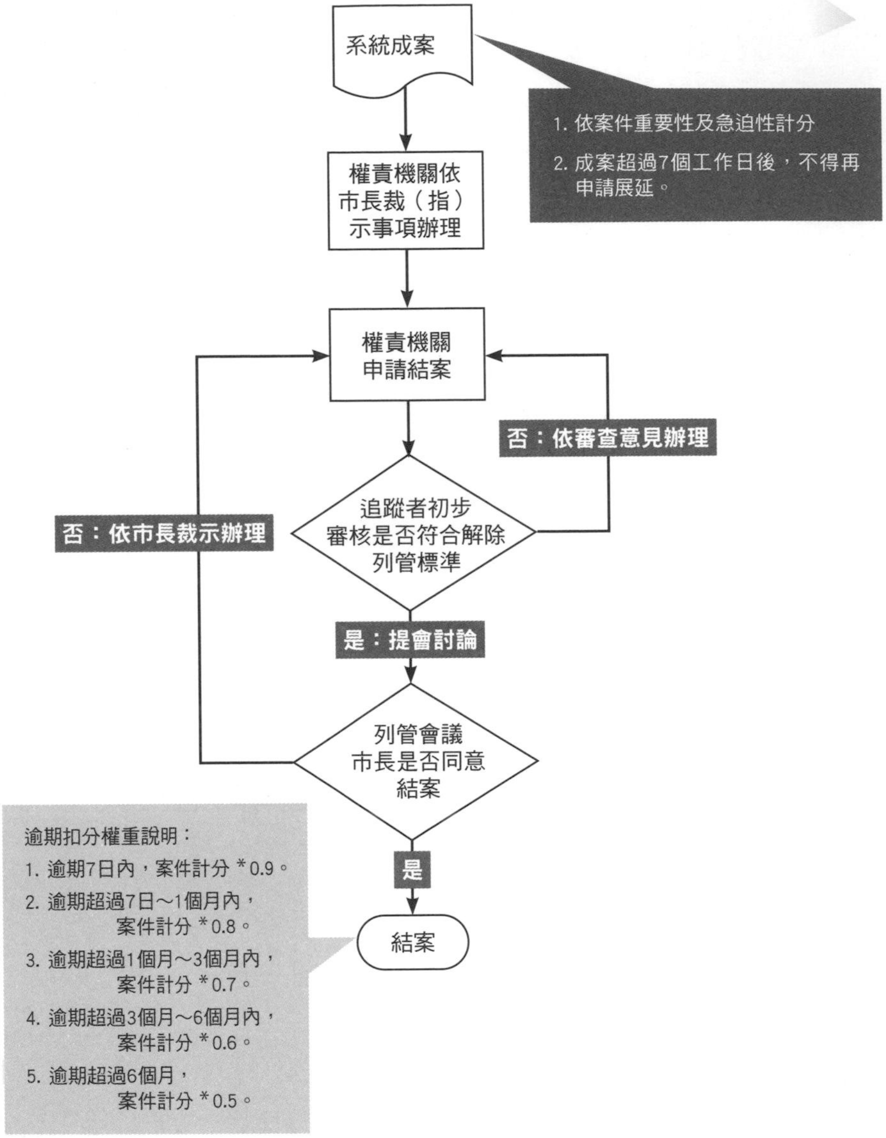
系統成案
1. 依案件重要性及急迫性計分
2. 成案超過7個工作日後，不得再申請展延。
權責機關依市長裁（指）示事項辦理
權責機關申請結案
否：依審查意見辦理
追蹤者初步審核是否符合解除列管標準
否：依市長裁示辦理
是：提會討論
列管會議市長是否同意結案
是
結案
逾期扣分權重說明：
1. 逾期7日內，案件計分＊0.9。
2. 逾期超過7日～1個月內，案件計分＊0.8。
3. 逾期超過1個月～3個月內，案件計分＊0.7。
4. 逾期超過3個月～6個月內，案件計分＊0.6。
5. 逾期超過6個月，案件計分＊0.5。

專案列管流程

子就扣分，逾期七天，總分乘以〇．九；逾期七天到一個月，總分乘以〇．八；逾期六個月，總分乘以〇．五。所以不是完成任務就沒事，逾期是必須被究責的。

市長室每半年會針對所有列管案件進行統計，按照局處，將案件分為已完成、未完成，另外計算逾期的件數，最後按照規則統計總分。這是首長評鑑中很重要的考核參考。根據經驗發現，不會逾期的局處都不會逾期，而會逾期的局處經常就會逾期，這很明顯表現出局處首長用怎樣的態度處理工作。當然，我們不會過度嚴苛，每個局處都有很多案件，偶爾有一、兩次案件逾期，是可以包容和理解的，但是如果一個局處有超過一成以上的案件逾期未達成，顯然就是管理出了問題，就一定要檢討改進。

做出這些統計，除了是對局處首長進行賞罰評價、要求他們加強管理、有效率地施政，更重要的是從中找出問題所在。比方說，我在市長任期的前六年，每年兩次，連續十二次計畫逾期榜單的第一名都是都發局。剛開始我覺得都發局很可憐、很辛苦，每個人都累到人仰馬翻了，還是屢屢逾期完成任務；後來我才明白，同情或責備都是不對的，真正該做的是探究原因，搞清楚為什麼總是逾期。

> 當一件事情出錯的時候，誰要負起責任、誰要被檢討處罰，一切都清楚明白，就是責任政治。有責任，才會有權力。

檢討之後我們發現，最大的原因在於人力不足。都發局的工作量本來就很高，做的都是大案子、大計畫，像是東區門戶計畫、西區門戶計畫、社會住宅……如果人力不足，他們就永遠疲於奔命，結果舊案未清，新的案子又追加上來，於是陷入永無休止的惡性循環。

所以即使計算出績效分數，還要正確解讀這些分數代表的意義，才能達到好的管理。當然，一個局處首長如果對於自己的績效數字毫不在意，也不懂得管理，那麼他就不適合擔任首長，因為他無法為團隊的表現負責。

我們常說民主政治就是責任政治，但什麼是責任政治？我認為，當一件事情出錯的時候，誰要負起責任、誰要被檢討處罰，一切都清清楚楚、明明白白，就是責任政治。有責任，才會有權力——這是團隊管理的核心精神，也是民主的真諦。

第二部

效能管理

為了加強行政效能管理，我設立專案列管制度，打破局處之間各自為政造成的溝通困境；以問題論的方式監督施政流程並及時解決問題；最後則以機制創新帶動公部門的文化改變。

我是一個快速的人，講話快、走路快、吃飯快，「快」是外科很大的一個特色，動作慢不能當外科醫生。再者，外科醫生下判斷不能猶豫，急診病患送進來，我們必須搶時效做出醫療處置，不帶個人情緒。不可諱言，我把這種特殊的性格帶入政治。我是一個不拖泥帶水、只向前看的人，不管每天在媒體、議會被罵得亂七八糟，回家睡一晚就可以reset，隔天重新出發。

因為追求效率的個性使然，加上外科醫生的背景訓練，我擔任臺北市長的首要目標，是改革政府部門的行政效能。我講究數字也講求效率，效率不是空口白話，而是貫徹執行的意志，好比上任當天晚上就拆除「多留一天就多怒一天」的忠孝西路公車專用道。

行政效能的重點在於管理和溝通。過去在醫界，身為醫生，我所做的每一個治療，不管要開刀還是要化療，都必須跟病人說明，還要跟不同的家屬解釋病情，所以醫學是一門對話的行業。可是從政之後，我發現公務員很不習慣跟服務的對象（民眾）溝通，甚至公務單位之間的溝通也不暢通。

為了加強行政效能管理，我設立專案列管制度，打破局處之間各自為政造成的溝通困境；以問題論的方式監督施政流程並及時解決問題；最後則以機制創新帶動公部門的文化改變。

> 行政效能的重點在於管理和溝通。

沒有統計就沒有管理

「統治的基礎是統計，統計的基礎是數字。」我們要建立一個用數字管理的國家，才能有最好的行政效能。

臺北市政府設有會議追蹤管理資料庫，裡面的列管計畫有一些是涉及中央補助預算，或者是參與式預算，還有市政府各局處的，總之幾乎所有列管事項全部併入這個單一管理系統。

市長室會議就是每天召開的晨會，接著是每週的星期二有市政會議，再來是議員的座談會，一年兩次，每個議員可以跟市長談話三十分鐘，府會聯絡人會先請議員列出選區有哪些問題需要解決和討論，該出席的政務官有哪些，我們用三十分鐘的時間，很有效率地把可以解決的問題解決掉，民眾有什麼需要，市府就協助辦理。一個人只有三十分鐘，坐下來一條一條講，看看市府的回應與做法對方是否同意，同意的話，就列管追蹤進度。

還有一年一次的里長座談。我上任後就安排跟臺北市四百五十六個里長進行分區座談，每一個行政區一次。一開始里長都有很多問題，為了提升效能，我們決定舉辦會前會，由區長作為溝通平臺先做內部討論，里長們提出來的可能是鋪馬路、修水管之類的問題，而這些問題可以由工務局先解決掉。每年每個里長可以提出兩個要求，能解決的我們就協助解決，如果問題需要跨局處辦理或是動用到年度預算，就由市長出面協調。對於局處提出的解決方案，若里長覺得可行，接著同樣就把案子送入市長室列管追蹤。

最後是員工座談。根據調查數據顯示有問題的局處，譬如說員工滿意度太差，我就會親自去進行員工座談；或是哪個局處常常需要處理抱怨或客訴，我就會把科長以上的人員全部邀來座談，有問題一樣列管處理。

這樣的列管系統就是一種統計，可以有效追蹤問題解決的進度，也可以藉由數字統計發現內部問題。

透過統計數據，也可以讓城市治理變得更有效率。舉例來說，統計數字可以作為政府執法依據。過去臺北市發生很多行人走在路上被車輛擦撞致死的意外，交通局統計資料顯示，二〇一七年有七百七十七件行人的交通事故，造成十四人死亡、九百二十八人受傷，事故的原因則包括：車輛未禮讓行人、公車因視線死角擦撞路人等等。有了數據，我們就能夠對症下藥，交通大隊首先針對「車輛未禮讓行人」加強執法，只要車輛進入斑馬線時，車體前端左右「各三公尺範圍內」有行人就算違規；要求公車業者加強駕駛的安全訓練，每輛公車加裝轉彎雷達警示或行車視野輔助裝置，減少駕駛視線死角；提供行人友善通行環境，設置行人專用時相、行人早開時相及行人早關時相。加強執行後，確實減少行人車禍傷亡。

充分授權與例外管理

管理學上有個理論叫做「例外管理」（Management by exception）：領導者將時間和精力用於處理第一次出現、充滿不確定性、重要且需要立即處理的問題。至於固定或例行的流程則加以規則化，授權下屬處理。

前面提到晨會和專案列管的方式，就是建立制度並授權ＰＭ與各局處部門進行各種計畫的執行。關於例外管理，我要談談臺北市政府特有的Decoding（解碼）會議和ＲＣＡ。

Decoding小組

我的市長室幕僚一共七個人，一週七天，每個人負責整理一天的新聞訊息。不管是議員批評市府工作不力、民眾對於市府施政的不滿和陳情，或是媒體報導與市府相關的負面新聞，負責整理訊息的幕僚會先條列這些內容，瞭解之後分別處理。面對負面新聞或批評，多數執政者可能會想辦法冷處理或加以掩蓋，而我們的回應則是成立解碼小組，找出根本解決之道，追蹤列管解決的進度，畢竟要解決的是問題，而不是新聞。所以曾有人形容，這些解碼小組就像螞蟻一樣，鑽遍臺北市政府的大小漏洞。

我們會把收集到的訊息分成「緊急」和「非緊急」兩種。緊急的事項馬上處理，該聯絡負責的局處就立刻聯絡，需要討論和回應就趕緊溝通回覆。至於非緊急的事項，比方說外界對我們的批評，只要說得有道理就全部記錄下來，再針對這些內容逐一做Decoding（解碼）。

每個星期召開一次Decoding會議，由研考會主委主持，分析這些輿情紀錄，如果發現真的有問題或存在弊端，必須加以解決，我們就會將它納入市長室的管理系統，列管處理，同時研擬檢討方案，追蹤改進的進度。

> 面對負面新聞或批評，我們的回應是成立解碼小組，找出根本解決之道，追蹤列管解決進度，畢竟要解決的是問題，而不是新聞。

Decoding小組處理的議題涵蓋範圍很廣，大至囤房稅、北藝試營運計畫，小至公園遊具標準、道路挖補之橫向溝通問題，只要外界的批評或建議是對的，我們就會去聽，我們就會去改進。

RCA制度

與Decoding相關的，還有一項我上任後頒布的特殊規定。我要求北市府所有準備依法訴訟的案件，必須先在局務會議裡面討論過。沒有討論，不准隨便上法院。即使告上法院，開庭前也得在市府內部針對此案召開研討會，討論的內容不是怎樣才能獲得勝訴，而是要讓每一個人都清楚明白，為什麼會發生這個問題、為什麼走到必須訴訟的程度，以及要如何吸取教訓，不讓同樣的事情再度發生。這個策略在管理學上叫做「根本原因分析」（Root Cause Analysis, RCA），意思是找出導致失敗的最源頭原因，透過組織的經驗分享、分析，預防未來不良事件再次發生。RCA是一個系統化的發現問題與解決問題的處理過程。

我曾開玩笑說，自己在上任第一年就把別人二十年可以犯的錯誤都犯完了，這也是我把醫學上的ＲＣＡ制度引進公部門的原因，一旦施政出現問題時，不先針對個人究責，而是分析哪些原因導致問題發生、如何解決，避免重蹈覆轍。

為什麼要強調根本原因分析？市府有各式各樣的疑難雜症，但往往深究之後，會發現居然沒有人為這些問題負責。每件事的發生一定都有原因，無論誰對誰錯，市府內部必須先釐清問題。好比說，針對消防局報告的消防安全管理相關案件，我指示在每一次火災事件後都要寫ＲＣＡ報告，作為回溯失誤分析的工具，以達到持續修正與精進。二〇二一年十月，臺北市松山分局遭黑衣人闖入事件，儘管全案交由司法處理，我也下令北市政風處介入，要求市警局必須做根本原因分析，針對錯誤逐一改進。

新冠疫情期間，北農及士林長照機構爆出群聚感染事件，我也指示相關單位要做好根本原因分析，從頭到尾檢視一遍事情發生的原因和經過，避免未來再犯相同的錯誤。

根本原因分析怎麼做？具體而言，先列出過程中有哪幾個分項出錯，把問題一條一條列出來，接著每一個問題都要出具明確的改善方案。常常一次失敗是由好幾個錯誤造成的，所以我們就要設法補破洞，這樣的做法就類似

「瑞士乳酪理論」的主張，只要阻擋漏洞的出現，就有機會預防失敗的發生。

問題導向的管理方式

我很重視對於小問題的管理，因為面對問題是解決問題的第一步。很多問題不是不能解決，之所以一直未能解決，是因為前人從來不覺得那是個問題。我們不去面對問題，就永遠無法解決問題。但如果我們承認這是一個問題，就一定能解決它。

過去在臺大醫院工作時，外科加護病房裡有很多規定，這些要求看似繁瑣卻有其必要性，舉例而言：給病人打點滴要做好無菌措施、醫護人員口罩帽子要戴好戴滿、雙手要洗乾淨、安裝一次點滴要經過三次消毒，這些看起來都是很小

乳酪理論：指意外事件發生是「步步錯，最後鑄成大錯」，就像層層乳酪湊巧有一組孔洞疊在一起，導致光線可以直接穿過。只要增加乳酪層數並減少疏忽（孔洞），就能提高意外被阻擋下來的機會。

的事，但誰也不可以大意，因為只要有一點疏忽，就可能造成病人的死亡。我看過太多因為輕忽小問題結果導致病患死亡的醫療疏失，所以我對於每一個小問題都非常在意，更強調SOP，以及事後檢討的文化。人難免犯錯，但是要懂得改進，時時自問：「重來一遍怎麼做會比較好？」如此一來，整體就能進步。

解決問題五大原則

第一個原則是：「面對問題是解決問題的第一步。」管理學上有個「霍桑效應」（Hawthorne Effect），意思是當被觀察者察覺自己正在被觀察時，會傾向改變自己的言行。用在管理上，管理者只要注意員工表現，就能讓對方產生自覺，盡可能符合期望。也就是說，注意觀察哪裡有問題，往往不用採取行動就可以解決問題。許多問題之所以無法解決，是因為你一直說它不是問題。一旦你承認它是問題，面對它，即使還沒採取行動，問題就已經得到改善。

第二個原則是：「把小問題解決，就沒有大問題。」小問題擺久又擺多

> 注意觀察哪裡有問題，往往不用採取行動就可以解決問題。

了，就會變成根本上很難解決的問題，社子島就是一個例子。由於該地區禁建超過五十年，當年的小違建、小問題累積多年都沒有處理，最後不管誰去處理都很困難。

第三個原則是：「當你把所有的小問題解決了，就根本沒有問題。」

第四個原則是：「你不解決問題，最後問題會解決你。」

第五個原則是：「當問題還不是問題的時候，你提出來，大家都會幫你；當問題變成問題時，你再提出來只會被罵。」

以臺北市的疫情指揮中心為例，我們每天開會列出實務執行上遭遇到的困難，然後大家一起討論怎麼解決，落實「面對問題、解決問題」的原則。這種即時修正、適當部署的做法，讓臺北市成為防疫工作的領頭羊。

建立標準作業流程

所謂SOP（Standard Operation Procedure）是指在有限的時間與資源之下，為了執行複雜的任務而設計的一套標準程序。從管理學的角度來看，建立標準作業流程可以縮短新進者的學習時間，也可以加快既有的操作效率，只要按照步驟指示做，就能避免失誤與疏忽。

我認為重點不是名稱或怎麼定義，而是它的精神；作業流程可以不斷調整修正，不變的是它的核心價值。SOP真正的核心是「變」，而非一成不變。它的存在目的是「承認有可能錯誤」，所以執行者在心理上要隨時準備與承受失敗，失敗後再修正就好。

以北市府每年都會舉辦跨年活動來說，因為是行之有年的活動，所以我們很早就建立了一套標準流程。但是每次辦完活動之後，我們團隊還是會針對活動裡發生的各種錯誤進行全面檢討，找出要修正的地方，以此為據增補、修訂標準流程。下一次籌辦跨年活動之前，就先把修改過的流程拿出來，依據規則辦理，減少犯錯的可能性。

我非常推崇豐田汽車TQM的概念：Total Quality Management，全面品質管理。也就是一個企業的所有單位和所有人員都必須參與品質改進，為活動、產品、服務的品質負責。公司所有的員工，從董事長到掃地的工友，永遠都問自己一個問題：「如果這件事重來一遍，怎麼做會比較好？」所有的人都進步，合起來就是公司的大進步。

借鏡企業經營的方式來提升行政效能，最好的方法就是透過SOP進行全面品質管理，讓一個系統每天進步一點點，而每天的一點點累積加總起來，就會是很大的進步。這也是我常說的「無痛改革」。以葉克膜的經驗為例，葉克膜為什麼會成功？在我離開臺大醫院之前，葉克膜已經做了一千七百例，每一例都有檢討報告，我們每週一下午五點開會，針對上週出院的病例，不管是死的、活的，逐案檢討為什麼成功、為什麼失敗，以及如果重來一遍怎樣做會更好。這些資料就像大數據與不斷精進的SOP。當一個系統經過一千七百次的改進，它就成為世界上最頂尖的，但是要維持這個最頂尖的技術，就需要持續再檢討。當然，有的問題是經過討論後馬上就可以改變的，有的問題是列出來以後要花兩、三年才有辦法找到解決方法。譬如說，使用葉克膜時抗凝血劑要加多少？抗凝血劑加太多出血不止，加不夠會長血栓，所以在不同的疾病、不同的血流速度下到底要加多少才是最好的？要回答這個問題，必須蒐集幾年的資料才有辦法找出答案。找到解答之後，我們就修改標準流程，然後按照標準流程做，再檢討有沒有要改進。當然，標準流程也會因為不斷精進而越來越複雜，好比說不同的疾病要採用不同的標準做法。

失效模式與效應分析

效率不是指一路向前衝，還要能夠進行資源整合和分析反應。

我們把標準作業流程和檢討改進事項都納入知識管理系統（Knowledge Management, KM），每年做滾動式的修正。知識管理系統是北市府最重要的一個建置，也是標準流程的一環。

比方說我們辦跨年活動有一套SOP，辦完以後要開檢討會，看看這個跨年活動哪裡不足或哪裡可以改進，再回去檢討流程中有什麼地方要修改、合作契約有哪些條款要補強，然後把所有資料存進電腦，下一次要進行活動招標的時候，就把資料調出來再檢視一遍，確認有沒有什麼細節要修補，接著就根據SOP去做準備跟招標。所以現在臺北市政府所有的重大活動都有詳細的檔案紀錄，而且系統性的歸檔與上傳，每次辦完活動就檢討，再更新資料，可以供日後參考與檢核。

除了標準流程，我也引入FMEA（Failure Mode and Effect Analysis）。FMEA的全名是「失效模式和效應分析」：前者是指某些事物可能有潛在的或實際的錯誤與缺陷，後者是指分析這些失效的後果並提出可能的因應做

> 效率不是指一路向前衝，還要能夠進行資源整合和分析反應。

法。這套模式最早是用於軍方及航空業，後來則被福特公司引進汽車工業，現在已經廣泛適用於各種領域。

打個比方來說，如果要發射太空船，還沒發射當然不知道哪裡會出錯，而前面提到的RCA是針對錯誤的發生做事後檢討。相反的，FMEA則是事前的除錯，還沒開始進行就先預作各種模擬分析，先畫好流程圖，譬如說火箭要升空的第一步驟、第二步驟，然後設想第一個步驟可能有什麼地方會出錯，再去想如何因應出錯產生的問題。繪製流程圖是一種訓練，練習預作規畫和安排，尋找出錯的可能。FMEA是一套非常好的風險與品質管控工具。

再以施政為例，我們要舉辦二〇二四臺灣燈會，這時就有人提議辦雙主場，國父紀念館一場、中正紀念堂一場。後來發現不可行，因為我們沒有那麼多人力去執行，而且也沒那麼多的參觀者，所以這個提議就被否決了。接著我們要計算最適當的場館規模，因為辦活動場地太小、人太多不行，場地太大、人看起來就稀稀落落也不行，所以必須事先估計尋找地點。還要考慮其他可能出錯的因素，例如中正紀念堂附近商家有限，不足以帶動產業活動，所以不適合把燈會辦在那裡。這就是一套事前模擬和評估分析的過程。

反省改進與機制創新

反省是一種文化，只要願意反省改正，就會進步。所以即使第一次失敗、第二次失敗，但只要不斷修正改進，事情會越做越好。我深信「凡殺不死我的，必使我更強大」，旁人的批評促使我們改進，反省與修正會讓我們不斷往更好的方向前進。

Work Smart, not Work Hard

擔任臺北市長之初，身為無黨籍的市長，我沒有政黨奧援，我唯一可以期待的，是市民對我的支持。這八年下來，很多時候我忙得忘記今天星期幾，可是我依然相信，民意是我唯一的後盾。所以我常常在反省一件事情：臺北這個城市究竟有沒有因為我而變得更好。

我常用一個比喻，龜兔賽跑時，兔子為什麼會輸掉？因為兔子一直看著烏龜，但烏龜一直看著遠方目標。我覺得自己就像一隻有耐力的烏龜，而我的目標是盼望政策、團隊能符合臺北市民的期待與需要，這才是最重要的。

在行政效能上，我思考的是如何work smart，而不是work hard。時常有人跟我說，當市長要抓大放小，不要管小事，但是我認為管小事的另一個目的，是塑造有紀律的文化。好比說，檢視過去七年的市長列管案件，會發現都發局案件量多、影響層面廣、重要性高，所以蟬聯前六年冠軍，但也因為複雜度高、不好處理，所以逾期件數也比較多。

由這個數據反省思考之後，我發現最辛苦的單位不一定是最該表揚的單位。若一個單位被列管的案件最多，表示它的工作太多，已經走在長官後面。這時我們就要去想，它是不是效率不好、人力不夠，才會一直被長官盯，所以後來我們針對都發局做了人力與組織的重整。

二〇二一年上半年，衛生局的列管分數從第十名突然跳到第一名，原因是疫情在同年的五月中爆發，短短一個半月的時間，衛生局累積的工作量和被列管事項一路攀升。這時我又領悟到另一件事：兔子不可以跟烏龜比游泳，因為領域不一樣，隔行如隔山。衛生局原本是一個相對安穩的單位，每年要做的工作很固定，像是公衛檢查或打疫苗，可是有一天突然工作暴增，好比1922專線在短短一個月內的來電量增加十倍，系統無法應付，就需要

> 「管小事的一個目的，是塑造有紀律的文化。」

重新訓練與分工。

打天下跟治理天下需要的人才不一樣，承平時按照標準流程執行，但緊急時則要懂得跳脫原來的規則。我們要建立的是一個有效率的政府，而不是一個表面看起來很認真的政府。

當然，政治最重要的還是溝通，溝通式領導才能創造最好的施政效能。以我自己為例，一開始到議會備詢時，我會因為無法忍受浪費時間或缺乏理性討論而生氣捶桌，反省後我認為這是政治人物必要的修練，於是我告訴自己，與其將議會視為羅馬競技場，眾人在裡面廝殺，何不將之視為維也納歌劇院，大家在裡面合演一齣歌劇，從這樣的角度想，議員和行政者就不是對立的，而是合作關係，況且若少了議會監督，確實會讓行政權過度擴張。透過反省和調整，府會關係越來越協調，行政效能就會變好。

我經常提到a的n次方，a只要大一，a的n次方就會是無限大。透過反省，我們不要求一天進步很多，但只要每天進步一點，累積起來就很多。所以我非常反對亮點政治，時常有人跟我說：「市長，我們要做一些亮點政治，要讓人民有感。」我回說，「要有感，放煙火最有感，又紅又亮。」坦白講，為什麼會需要亮點政治？在一片黑暗裡，亮點才看得最清楚，如果一個地方一片光明，還會看到什麼亮點嗎？所以我個人非常反對亮點政治、有感政治，我強調的是按部就班每天前進，可是也要記得，如果a介於零跟一之間，每天退步一點點，累積起來就完蛋了。

政府出題，民間解題

提升行政效能最大的改革，叫做機制創新，也就是透過機制創新帶動公部門的文化改變，破除行政效率不彰的沉痾。

以政策為例，政策的決定來自民意、專業和價值，同時還要考慮誰是受益者，誰是受害者。臺北市政府向來的政策制定有兩條路，一條是Bottom Up，由下而上；一條是Top Down，由上而下。

我們過去的政策制定主要是採Bottom Up的方式，最有名的就是成立臺北智慧城市專案辦公室（Taipei Smart City Project Management Office，TPMO），將臺北當作一個實驗場，開放給所有企業進來做實驗。但後來我們發現這麼做的效果不是很好，真的做成功而且可以賣錢的產品不多，為什麼？因為很多時候廠商天馬行空，所以執行率和落地率很差，也就是真的做成功的很少。當然，優點則是產業自行提案，所以內容多元。

後來我們嘗試採用Top Down的制定方式。臺北市政府一年的預算有一千七百億，我們可以說是全臺灣最大的買家之一，施政上有很多問題需要企業和人民協助解決。所以我們決定換個方向，由政府出題，企業來解題，請企業按照臺北市政府的需求提供服務。

第一個例子是內湖的花卉批發中心，當時蓋好之後沒有做中央空調，我們本來預計編列六千萬的預算買冷氣，後來決定買「溫度控制」。但要怎麼做？也許是在建築上方種綠植栽，或設置噴霧和通風口之類的，讓夏天不要太悶熱。案子公布之後，大金冷氣有來投案，他們做到一個程度之後跟我說，承接這個案子最大的進步竟然是自動門，而不是他們專長的冷氣機，因為批發市場的人流進進出出，自動門要怎麼設計才不會讓冷氣外洩太多，大部分時間又可以關上，還要耐撞，是一大考驗。透過政府出題，帶動了企業的創新能力。

第二個例子是臺北市辛亥路上的第二殯儀館，由於辛亥隧道附近車流多，導致那裡常常塞車，我們的目標是要降低二殯的人流量。要怎麼做？這時有人提議設立網路公祭，讓人們不用去現場就可經由網路祭拜，還可以留言、按讚，甚至透過電子支付送白包。這是很有趣也很先進的概念，計畫一公布，還真的有人來投標，於是我們就規畫一個禮廳來做試驗，確認效果不錯之後，便決定發包製作。

現階段北市府每年會先收集所有局處的問題，然後在臺北市電腦公會的網站上公布市府有哪些問題需要解決，徵求大家的答案。我們開放整個城市讓廠商進來做實驗；政府也會提出需要處理的問題，請大家來提供答案，如果可以的話，我們就設立一個標案讓企業投標，由市府購買服務。近來我們甚至在研究路邊機

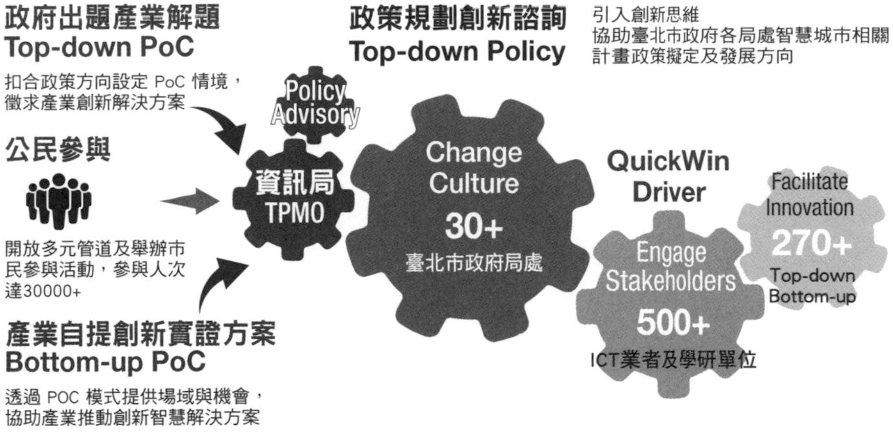

機制創新帶動公部門文化改變

車怎麼電子收費。

對我來說，為政在於耐煩而已，有了制度和各種效能管理方式，接下來則是政治最重要的核心：執行力。

第三部

執行力

執行力是一種意志的修練，也是行政治理的關鍵。我當市長的一個目的，就是把過去幾十年沒人要做的事給做好——做別人不願意做的事，做別人不敢做的事，做別人不想做的事。

回顧臺北市長這八年任期，我最引以為傲的就是執行力，不論是六天內拆除忠孝橋引道、八十七小時完成中正橋引道的拆除並恢復通車，以及將延宕多年的第一果菜、南門、環南、成功、北投等市場開工改建。我認為，當政府拆除中正橋引道這種重大工程是以小時為單位來計算，也就是從計「日」到變成用「小時」來規畫一項重大工程的執行進度，代表整個市政府的執行力已經進化了。

執行力是一種意志的修練，也是行政治理的關鍵。過去我在臺大醫院，一年三百六十五天幾乎都在工作，入主臺北市政府以後，我秉持急重症醫療的精準確實處理市政，每天七點半準時在市府開會。對於晨會制度，起初多數人並不看好，認為我撐不久，但這幾年下來我貫徹執行，團隊成員都知道我是認真的，也知道不管是做專題報告或想要追加預算，都得先過了準時開會這一關。

政治的核心是執行力，我們國家最大的問題是計畫太多，執行力太差。我當市長的一個目的，就是把過去幾十年沒人要做的事給做好——做別人不願意做的事，做別人不敢做的事，做別人不想做的事。

> 執行力是一種意志的修練，也是行政治理的關鍵。

臺灣最成功的國際體育賽事：世大運

最能體現臺北市府團隊執行力的，莫過於二〇一七年的臺北世大運。每次提到這場世大運，很多人腦海中都會浮現開幕式因為反年改團體的鬧場，導致運動員進場中斷的意外。

當天我和蔡英文總統坐在看臺中央，儀式進行到一半，運動員進場的隊伍斷掉了，緊接著是漫長的四十多分鐘空白，誰也沒有把握儀式是否能進行下去，眾人竊竊私語，都覺得這場開幕式完了。

但是後來場外控制住了狀況，運動員們重新整隊進場的時候，全場一萬多名觀眾全體起立、用力鼓掌，整整一個多鐘頭的進場儀式掌聲不斷，很多人的手都拍紅了，場面令人動容。當煙火施放的那一刻，我知道這場運動會將由黑翻紅。事前人人不看好，卻因為開幕式的意外與危機排除，最後反而出乎意料地成功。

最令人驚訝的是中華隊傑出的表現，居然拿到了九十面獎牌，光是金牌就有二十六面之多，這是前所未有的。尤其是女子籃球銅牌戰，對手是俄國隊，兩隊平均身高相差了十五公分，在如此懸殊的差異下還能打贏，真是不可思議！很多人說，運動員之所以如此奮勇出賽，最大原因是場上臺灣觀眾們的加油打氣，而之所以有這麼多觀眾熱情參與，最大的關鍵就是開幕式的意外插曲。

在開幕之前，民眾對於這場賽事的熱情不高。前一年的民調顯示，超過六成的市民對世大運無感，我們雖然花了很多力氣行銷，可是直到開幕前，許多場次的門票仍然乏人問津。但經過開幕式被打斷的意外，全臺灣的人都注意到了這場賽事，湧起想要親自為我們的運動員加油鼓勵的熱情，一夜之間情況丕變，連冷門比賽的座位也大量銷售，甚至一票難求，平均每場比賽的上座率高達百分之八十七。世大運的成功，讓我們真正體悟到什麼是「永不放棄」與「因禍得福」。

六十座場館準時完工，細心提供有感服務

當然，一場比賽如果純粹靠運氣與天意，是不可能成功的。

為了籌備世大運，我們新建了兩座場館，並整建五十三座賽場，賽前又

布置了五座舊館，加起來總共六十座，橫跨五個縣市。如果再算入新聞中心、選手村等設施，加起來至少有七十個場地。

這些場館在賽前全部準時完工，沒有追加任何預算，而且全部通過國際大專體總的驗收，這是臺灣工程史上的奇蹟。

除了場館，這樣一場國際性賽事還有許多細節必須安排規畫。比方說因為選手村位於林口，但各個賽事的場地不一定都在臺北，也有許多分布於其他縣市，甚至遠到新竹，所以每天必須動用大量運輸巴士載運選手們來回。在半個多月的賽事時間，沒有一輛交通車脫班或延遲，無論路況如何，全部準時發車、準時抵達，這背後的調度安排、應變和調整，絕不是一句話就能輕鬆帶過。

另外，與運動員生活最相關的除了住，就是吃。我們在選手村裡設置了一座兩千四百坪的大型餐廳，每天早上五點開始直到凌晨一點，為各國選手提供將近四萬份的餐食。考慮到選手們的口味與宗教信仰，不只有亞洲、歐洲等料理，還提供符合素食與清真戒律的餐點，這些膳食受到各國選手的一致好評。為了達到料理與服務的水準，背後除了要有大量廚師和服務人員支援、足夠的物資補給，還要嚴格控管食材的品質。

最重要的是，這場賽事中除了正規的工作人員，我們還召募了一萬八千多位志工。要召集管理這麼多志工，需要很長的準備時間。志工們不僅要有熱情，還要經過培訓，這麼多事前的訓練、事中的協調與調度，都需要周密的安排、精確的掌控與調配。這些都是隱藏在世大運風光外表下，別人看不見的執行力。

選擇在地公關與營運團隊，建立臺灣人的自信心

二〇一七年的世大運與二〇〇九年的聽障奧運都在臺北田徑場舉辦開幕式，聽奧的開幕式花了五．四億，而八年後的世大運開幕式規模擴大數倍，卻精簡預算，只用了三．六億。

以往臺灣籌辦這種大規模的國際性活動時，開幕閉幕這樣的大型活動通常會找國際型公關公司統籌操作，但當時我覺得「我們應該給臺灣的年輕人一個機會拚拚看」，於是決定反其道而行。承辦世大運活動的團隊完全Made in Taiwan，尤其是負責開幕與閉幕式的導演們，更都是年齡在三十五歲以下的年輕人，而且當天在場內的表演者三千多人、場外負責控場的一千

多人，全都由臺灣人自己扛起來。

當時我做這樣的決定，難免引起其他人的懷疑，擔憂不夠國際化，怕團隊經驗不足，搞砸了重要的儀式。不過事實有目共睹，效果一點也不差，而且因為在地團隊更理解臺灣文化，所以從表演設計出發，處處蘊含了臺灣精神，得到很好的反饋。

如今回頭看世大運的成功，最大的收穫不是得到褒獎讚譽，而是成功建立起臺灣人的自信心。以往臺灣人心裡難免會覺得「外來的和尚會唸經」、「歐美水準永遠比國內好」，但經過世大運之後，我們發現本土團隊、臺灣的年輕人也有與國際團隊一較長短的可能。往後有這樣的活動、這樣的機會，當我們做選擇時，就不會再事事外求，而是優先與國內公司、優秀的導演或團隊合作，給他們機會，讓他們有足夠的發揮空間，讓臺灣年輕人有發揮的舞臺。

控管預算，降低支出，兩千多項專案列管全部達標

從經濟方面來考量，承辦像奧運、世大運這樣的國際賽事並不划算，因

> 世大運的成功，最大的收穫不是得到褒獎讚譽，而是成功建立起臺灣人的自信心。

為支出驚人。而且與奧運相比，世大運在比賽項目和參賽選手的數量上都差不多，但是在知名度或電視轉播權利金的收益上卻遠遠不如奧運。也就是說，花同樣的預算，卻很難達到主辦奧運的效果。

然而臺灣處境特殊，舉辦國際賽事對我們來說不僅可以拓展國際能見度，還可以鼓舞民心士氣，所以不能單純從經濟效益和支出來思考這個問題。更重要的是設法爭取與辦好它，透過這樣的機會向國際宣傳臺灣。

辦好一場世大運到底要花多少錢？在臺北世大運之前，二〇一三年俄羅斯舉辦的喀山世大運花費一千三百億元。這筆驚人的開銷都花在了大而無當的公共建設。可是喀山世大運結束後，喀山這座城市在國際上並沒有留下什麼鮮明的記憶。前車之鑑不遠，我認為臺北絕不能像喀山那樣撒錢，也不應該這麼做。

我從一開始就確立了籌備這場國際賽事必須掌握的標準：在有限的預算內盡可能辦好世大運，不需要舉辦華麗張揚的開、閉幕儀式，而是把重點放在與體育賽事、選手們相關的交通、安全、衛生、食宿和場地等方面。我們不必對外炫富，而是要重視小細節，盡可能讓來自各國的體育人士對臺北和整個臺灣留下好印象。

以此為標準，重新檢視預算，我們發現有很多值得商榷的空間。世大運最初預算規畫是一百九十八億，我上任以後逐一盤點，覺得不需要用到這麼多錢，於是砍掉了二十六・九億的預算。等到結束後再核算，發現真正使用的經費是一百四十七億。從一百九十八億到一百四十七億，總共省下了五十一億。

這些刪減的預算原本主要是用來建設新場館，但是考慮到實務狀況，我覺得很多場館設施可能經過世大運以後就派不上用場，最後會成為蚊子

精實管理與執行預算

館，反而浪費。與其新建場館，最好的方式是盡可能利用現有場地設施去做調整。

比方說我們引進最新的「活動式游泳池」技術，將國立體育大學的運動館改建成一套符合國際泳協與國際大學運動總會標準的游泳池和水球競賽場，不僅節省了興建一座游泳池的費用，比賽結束後還能快速拆卸這座泳池，把運動場還給國立體育大學，再將泳池的組裝設備遷移到其他地點繼續組裝使用。世大運結束後，這座活動式泳池被移往桃園國家運動訓練中心，重新架設，投入培訓泳隊使用。

我曾經計算過，市長室列管的世大運相關專案超過兩千個。每一個項目都有必須審核的時間點，而每一項盤點與檢查都由我們精確控管。所以我經常說：「不要羨慕別人成功，因為你沒那麼認真。」道理就在於此，我們確實發揮了過人的執行力。

天助自助者，努力是成功的最重要原因

世大運的成功讓我們得到許多好評，但我記得我媽媽對此有完全不同的

想法。她曾跟我說：「世大運會成功不是因為你厲害，是天要助你。」這話是真的。世大運在八月展開，正是臺灣一年中多風多雨的颱風季，但是整整十三天的賽事期間，從開幕式到閉幕遊行結束都沒有下雨，期間有三個颱風可能來襲，但靠近臺灣後就忽然轉向，絲毫沒有影響到賽程，簡直如有神助。

或許真是神明加持，讓我們能夠在風調雨順的狀況下辦完了世大運。但是如果凡事仰賴天意，真的能夠成功嗎？想一想，所有的場館都在世大運開幕前準時完工、通過國際標準的驗收；每天八百多班次的接駁車，沒有一輛車誤點，沒有一輛車遲到；每日提供將近四萬份各種需求的飲食，全部符合檢驗；一萬八千名志工完成訓練，每日按照預定的排班，前往各場館服務……這些說起來輕鬆，但沒那麼容易做到，必須從上到下，從市長到底下每一個人，全部齊一心志，一起努力，上面的認真去盯、認真檢查、認真解決問題，底下的人認真去做，把執行力做到最極致。

所以，每一個成功的背後，其實是很多人的努力。當然我們祈禱能夠得到上天庇佑，但是真正促使一件事情走向成功的，是認真和努力。

世大運的成功，是我們市政團隊透過執行力所繳出的一張亮眼成績單。

舊城復興，打造新國門：西區門戶計畫

在我第一任市長任期中推動的最重要都市建設，是西區門戶計畫，正好與第二任期中推動的東區門戶計畫遙相呼應。

這兩個計畫的差異在於，西區門戶計畫是舊城區的復興，而東區門戶計畫則是新市區的開發。臺北是一個新舊融合的城市，所以我們必須因應每個地區的需要，做不同的空間規畫。

西區門戶計畫的起源與二〇一六年底機場捷運通車密切相關。臺灣每年有數千萬的外國訪客到訪，而機場捷運通車後，我們預計每年將有一千萬人次透過機捷，從桃園機場直抵臺北車站。臺北車站成了許多遊客到訪臺北的第一站，具有國門的意義。

從歷史角度來看，臺北車站周邊因為早期大稻埕一帶河運便利，再加上鐵路交通發達，成為北臺灣貨運集中、商業活動頻繁的區域，留下豐富的歷史文物古蹟，譬如北門原本是清朝時代進入臺北城的重要門戶，也是臺北唯一保存完整的城門；坐落在北門與臺北車站之間的三井倉庫，則是臺灣為數

三井記憶倉庫
臺北行旅廣場
交六公車站區
交八廣場闢建
北平西路新築
智慧車站
後站商圈
人本環境改善
E1E2街廓
都更案
臺北工廠修復及再利用
（預計111年修復完成）
C1/D1
聯合開發
第一階段成果
第二階段重點工作
市議會舊址
設定地上權
北門郵局
公辦都更案
延平南路人
行環境改善
北門景觀廣場
忠孝橋引橋拆
除及路型調整
常德街地下
人行道串聯

持續進行中的西區門戶計畫

不多，仍然保留日本三井物產株式會社商標的老建築，它的存在反映出當時臺北城貿易的興盛與發展。這些文物古蹟象徵臺北的起源與過去，但後來城市發展東移，周遭環境逐漸沒落，又缺乏維修和有計畫的整理，使得這些極富歷史價值的古老建築乏人問津，或者被高架引道阻擋，藏在城市的縫隙間。大家對於這一帶的記憶也都是老舊不堪、交通壅塞等等負面印象，很難將它們與新國門的意象結合。

然而老城區有它獨特的歷史美感與文化底蘊，那種經過漫長歲月淬鍊出來的美感，是高樓大廈永遠無法取代的。最好的城市發展應該是兼容並蓄，有懷舊，也有創新。

西區門戶計畫就是兼容新舊的展現。透過一連串的拆除與重建，我們重新整理這塊區域，不但賦予它新的生命，也希望透過都市建設的推動，讓塵封在歷史的過往浮出水面，煥發新的光彩。

為此，我們整頓交通幹線，疏理街道和路型，修復古蹟再生，引導大家重視臺北城的過去。再者，我們活化附近的老舊商圈，結合文物古蹟和綠地開發，美化都市景觀，讓老事物也有新的生機。

西區門戶計畫更深層的意義，是希望透過整理舊有的城市，推動產業的新發展。在我們預設的計畫中，未來西區將成為臺灣重要的創投中心。

開展西區門戶計畫的第一步，就從拆除開始。

一夜拆除忠孝西路公車專用道，紓解交通壅塞

還記得當年參選時有記者問我：「如果你當臺北市長，第一件事情要做什麼？」當時每個候選人都提出了偉大的計畫，只有我回答：「把忠孝西路公車專用道拆掉。」

在臺大醫院當醫生的時候，每次我去三重醫院出差，搭車經過忠孝西路、忠孝橋，總會聽見計程車司機抱怨連連，甚至破口大罵。因為忠孝西路公車專用道蓋好七年多，從來沒有啟用過，卡在馬路上，占據大半道路。忠孝西路是臺北市車流量很大的重要幹道，就因為這條沒有用的公車專用道，導致經常堵車。有一次我忍不住問司機：「既然沒有用，為什麼沒人拆掉？」司機怒氣沖沖地回答：「我怎麼知道！等你當市長就去拆掉它。」

後來我真的當上市長，立刻找來交通局官員瞭解實際狀況，才發現忠孝西路的路面不夠寬，根本不適合建公車專用道。我問：「既然用不到，為什

麼不拆？」對方支支吾吾，最後回答：「前任市長蓋的，後面的市長不敢拆。」這個答案讓我很不解。這是什麼理由！對就對、錯就錯，錯就認錯，解決問題，不能放著不管。於是上任的第一個晚上，我就把這個公車專用道給拆了。

拆除之後，忠孝西路的交通得到明顯改善。而下一個要拆的是經費都編列了，卻拖延二十多年沒有動工的忠孝橋引道。

六天拆除忠孝橋引道，化不可能為可能

忠孝橋引道的拆除，原本就是一個「不可能的任務」。

忠孝橋引道的存在與臺北的城市發展密切相關。忠孝橋是連接臺北市與三重地區的重要橋樑，以三重重安街為起點，跨越淡水河後連接臺北市忠孝西路與西寧南北路。橋的東向銜接環河快速道路、市民高架以及臺北站前商圈。過去鐵路還沒有地下化的時候，火車鐵軌鋪設在平面道路上，為了避免阻礙鐵道與火車通行，所以修建了北門高架橋，而忠孝橋東向也連結了北門高架（這一段就是一般稱的忠孝橋引道），以紓解平面交通亂象。後來鐵路

地下化，路面鐵軌拆除，加上市容整頓與交通規畫的需求，高架橋已無存在的必要。

我上任市長的第一個星期，研考會送來一份卷宗，列出已經編列預算但還沒有執行的計畫，請市長決定該如何處理，其中就有忠孝橋引道的拆除工程。閱讀資料後我才知道，這項拆除計畫早在黃大洲市長時期就已經擬定，連預算都編列完成，之所以沒有付諸行動，是因為拆除工程浩大，評估至少要三個月的工時。想像一下封閉忠孝西路三個月會有怎樣的後果？沒有人敢承擔這個責任，所以計畫被擱置了二十多年。

面對這個評估，我沒有立刻決定拆或不拆，而是反問一句：「一定要三個月嗎？有沒有其他可能的方法？」就因為這樣一問，延宕已久的計畫有了成真的契機。有人提出建議，「農曆年期間，臺北的交通流量是平時的三分之一。如果我們趁連假二十四小時趕工拆除，或許不用拆三個月，對交通的影響也最低。」我一聽，趕緊說：「先依照這個方法評估看看，可以做就做。」

這場閃電戰的拆除行動，絕不像表面上聽起來那麼容易，不是市長一聲令下說拆就可以拆，而是要預先做好相關安排，包括替代的交通動線、製作改道路牌、沿路布崗哨和交警協助……市府同仁通力配合，尤其是交通局、警察局、消防局、工務局等單位的員工幾乎都放棄了休假。我們從除夕前一天晚上開始施工，與忠孝橋附近轄區的中正一、大同分局警察同仁全部上工，負責維安秩序。

拆除工程需要大量的機械與執行人力，為此我們幾乎把北臺灣所有大型拆除器械都調來，上百輛機具全部投

北門廣場重建

入拆除任務，又以三倍薪水雇用大量外籍移工，二十四小時輪班，日以繼夜、夜以繼日地拆。原本估計至少要花八大的時間，沒想到進度超前，六天就把引道拆乾淨。

拆除忠孝橋引道之後，北門就顯露出來了，但凌亂又醜陋的道路狀況也一覽無遺。所以緊接著我們要整頓路型，讓道路能夠盡量平直、通暢，同時改善路基、拓寬人行道。另外，考慮到北門周遭的視覺景觀，我們遷移了舊有的國光客運臺北西站，將其改建成綠地與公園。拆遷客運站的過程非常複雜，談賠償、找新的地點取代，每一個過程都充滿了衝突與波折，但無論如何，最後我們終於完成了這座新的公園，還在這裡舉辦過有上萬人參加的臺北穆斯林開齋節。

三井倉庫異地重建，為百年古蹟找到完美落腳地

三井倉庫是百年的歷史建築，坐落在北門與臺北車站之間。市府在整頓忠孝西路的路型時，發現三井倉庫就卡在道路上，不處理不行。而且這座倉庫年久失修，屋頂破損倒塌，嚴重漏水，內部的木頭樑柱和樓梯也都已經腐

朽，地面雜草叢生，還被人丟了許多垃圾，可說是一片狼藉。我們想要將它拆掉，移動到其他地點復原重組，但是文化資產審議委員會和文資團體都說絕對不能拆，擔心拆了以後無法復原。

我說：「不拆不行啊，它會卡在馬路上。」但是光靠說的其實無法解決問題，必須做足準備，拿出實際證據，告訴委員們我們要如何拆除、遷移、異地重建，每個施工階段使用的工法、修復與補強的設計，說服他們相信並接納我們的計畫。因此我要求文化局、交通局和都發局的首長們去向文化資產審議委員會報告之前，必須先拿Power Point把報告內容講給我聽，聽不懂就修改、覺得不可行就調整，一直講到我認為足

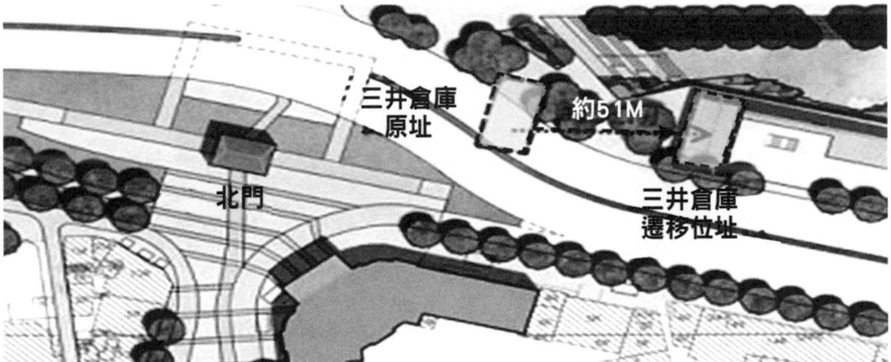

三井倉庫遷移與重建

夠完整清楚了，再去文資會。

即使如此，我們也不是一次過關，前前後後開會三次，每次都被文資會拒絕，甚至爆發過嚴重的衝突。但是被否決沒有關係，我們把報告拿回來檢討，再修再改，直到文資會的委員們都同意為止。

上述這些都只是來來回回的紙上作業，真正進入執行階段，拆除和重建過程更是異常繁瑣。

經過百年風雨侵蝕，倉庫損壞嚴重，但因為是重要古蹟，異地重組後，必須盡可能還原建築本來的風貌，因此屋裡的一磚一瓦，即使破損了，也都必須編號記錄，一塊一塊地拆卸、保留下來，搬移到新地點後再原樣修補、組裝。光是清理內部就花了四個月的時間。

除了原樣重建，考慮到百年建築的屋況，設計師為它增加了先前建物沒有的避震系統，避免地震和忠孝西路的繁忙車流造成的震動，損害老倉庫。我們希望能永續保存這棟古蹟。

在三井倉庫的遷移與重建過程中，北市府的每一個提案與動作，經常引發民眾和文保團體、文資會委員們的質疑和反對。即使有衝突，我都認為是正常的，畢竟這個社會有各種贊成跟反對的聲音，而我們能做的，就是盡力溝通、理解大家的想法，盡可能滿足大家的要求。

我們也從拆建三井倉庫的過程中學到許多。比方說後來處理鐵路局一整排老舊屋舍的拆除工程時，以往都是交給鐵路局自己去安排，但是有了整修三井倉庫的經驗，我改變戰略，主動和鐵路局溝通，提出由市府協助拆除。因為鐵路局的主要業務是鐵路交通，把拆除舊屋舍的事情交給他們執行，不知道要等到什麼時候。我深深體認到，想要把一件事情做好，有時候得自己扛起來做，求人不如求己；如果分派給其他人去做，那我們得等對方有空，還得等對方排定預算、發包執行，遠不如自己做來得效率高。

現在三井倉庫被遷移到交八廣場，重新修復，外觀漂漂亮亮的，改名為「臺北記憶倉庫」，成為很好的一處展館，還經常在旁邊的小廣場上舉辦市集活動，不僅是國門意象之一，也成為市民們日常生活遊憩的好去處。

用白目的力量前進，完成不可能的任務

很多人都以為西區門戶計畫已經結束，其實還有建設尚未完成，至今仍在進行中。但是隨著工程發包與執行進度不斷實現，當初紙上談兵的夢想，

> 想要把一件事情做好，有時候得自己扛起來做，求人不如求己。

如今成了每個人都看得出改變的城市風貌。

有人告訴我，他十幾年沒回臺灣，下了飛機之後搭機場捷運到臺北車站，出來看見車站附近環境的變化，尤其是看到古老的北門矗立在那裡，心裡有股說不出來的感動，覺得這座承載歷史的老建築真是太美了。雖然周圍有新式建築、有車輛川流不息的平直馬路，但絲毫不搶北門的風采，反而更襯托出這座老城門的雄渾。

今天每個經過北門的人，佇足凝望，都能感受到它的美。可是這樣的美是一夜之間出現的嗎？不是。回想一下，要讓這座老建築的美重現人間，我們做了多少事？拆公車專用道、拆高架橋引道、拆國光客運站、改建綠地公園、整頓路型、遷移重建三井倉庫、拆除鐵路局的老舊房舍……這些能說得出來的都是大事，還有更多大家沒看到的小事與細節，都需要專案列管，一項一項執行、一項一項追蹤、一項一項完成。所以北門不是喊口號說「一、二、三」就從天上掉下來的，而是連續幾年的推動，一點一滴的成果。

有人問我：「作為一個毫無背景的政治素人，第一次擔任地方首長，怎麼會有勇氣推動這樣一個高難度、複雜的都市計畫？難道沒有想過，如果失敗了要怎麼辦？」

西區門戶計畫的地貌

我的答案很簡單：人因有夢想而偉大。

我曾經參訪過黃花崗，親手撫摸那一塊塊碑石。那時我心想：「一百多年前的三月二十九日那天晚上，幾百個年輕人憑著滿腔熱血，無懼十幾萬清軍，拿著短槍進攻兩廣總督府和水師行臺。稍有理智的人都知道，這樣懸殊的人數和火力差距，怎麼可能會成功！這些年輕人難道是笨蛋嗎？他們是不是瘋了？為什麼要這樣做？」

後來我領悟出一個最簡單的道理：人因有夢想而偉大。那些年輕人不是笨蛋，也沒有發瘋，他們都知道自己要做的事情非常困難，很多人在出發前就寫下了遺書，抱著必死的決心離開家人。但是他們知道自己非做不可。做了未必能改變世界，但是不做就什麼都不會改變。

我認為要理解柯文哲這個人，最有代表性的小故事應該是一日雙塔。一個六十歲的阿伯，不是運動員，也沒有專業訓練，一天騎五百二十公里，從基隆到墾丁，從臺灣頭騎到臺灣尾，靠的不是什麼必勝的信念，只有一個祕訣：忘掉失敗。

一九四二年，哥倫布率領三艘船隻向西航行，穿越大西洋，發現新航路、發現新大陸，這件事情改變了人類歷史的發展。但仔細想想哥倫布到底

“有些事，做了未必能改變世界，但是不做就什麼都不會改變。”

做了什麼？在我看來，他什麼也沒有做，只是勇敢地航向了不可知的世界。我經常覺得自己和哥倫布很像，面對困難、面對未知，不拒絕挑戰，放下成敗的念頭，勇敢去做。就這樣而已。

這是一種生命的覺悟。如果有一天你能夠理解「不管成功或失敗，都是生命當中的一部分」，你就不會在意世俗的成敗，而變得更勇敢。心懷夢想，堅持行動，用簡單的心靈去面對複雜的世界，忘掉失敗，勇往直前，這樣就可以了。這是白目的力量。

我當初選舉的時候號稱是「白色的力量」，但後來成為市長，一路走來，才深深理解促使自己走到今天的，是「白目的力量」。

做了八年市長，坦白說，從來沒有容易解決的問題。拆除忠孝橋引道、辦世大運、處理社子島的問題……每次旁人都覺得「怎麼可能」，或者一直看衰我，但最後柯文哲的團隊之所以能夠成功，靠的就是這股白目的力量。它讓我能沉住氣，不懼眾人眼光，解決一項又一項的難題。

> “用簡單的心靈去面對複雜的世界，忘掉失敗，勇往直前。這就是白目的力量。”

面對難題時，尋找不同的可能性

我常說，面對挫折打擊不是最困難的；最困難的是，面對各種挫折打擊，卻沒有失去對人世的熱情。人生是一場馬拉松，而不是一百公尺短跑，每一個階段的勝利，並不保證下一階段的勝利，面臨各種難題是生命的常態。

我曾經在對年輕人的演講中說道：「如果有一天你遇到困難的時候，請永遠記住一件事情：有沒有第三種可能性？」You are limited by your imagination.（你的想像力限制了你。）身為人類，我們最大的優勢就是思考，靠著知識和想像力，我們可以創造全新的未來。

面臨困難的抉擇時，永遠要問：「有沒有其他的辦法？一定要用這個辦法嗎？」這也是推展西區門戶計畫時，讓我可以突圍的致勝關鍵。城市計畫的執行會碰到很多難題，但不能因為事情一朝一夕無法改變就怯於行動，否則國家與城市永遠不會有所改變。

總結過去錯誤的全新設計：東區門戶計畫

西區門戶計畫是舊城區的復興，東區門戶計畫則是新市區的開發，主要目標是將南港建設成為臺北市的次都心。

南港，顧名思義原本是一座港口。清代的時候，靠著基隆河的河運發達，發展農業、礦業和輕工業。日治時期在南港建立瓶蓋工廠，為了便利運輸，從臺北到南港之間鋪設了鐵道，鐵軌沿線還有製糖所、酒廠、菸草工廠和軟木工廠，形成工業聚落。臺灣光復之後，南港輪胎、臺肥南港場和啟業化工廠相繼進駐，廠房林立，帶來工作機會的同時，也製造出汙染，尤其因為空汙問題非常嚴重而被稱為「黑鄉」，再加上當地原有大型垃圾掩埋場，風吹日曬，惡臭四溢，造成居民生活上嚴重困擾。

隨著臺灣經濟進步，容易製造汙染的工廠逐漸被淘汰，或因勞力成本上升的問題，原本的工廠用地被廢棄，長期空置的廠房年久失修、藏汙納垢形成環境問題。而且少了工業的支持，南港本地的產業發展陷入停滯狀態。

一九八〇年左右鐵路地下化，再加上基隆河截彎取直，南港一帶閒置的

東區門戶計畫的地貌

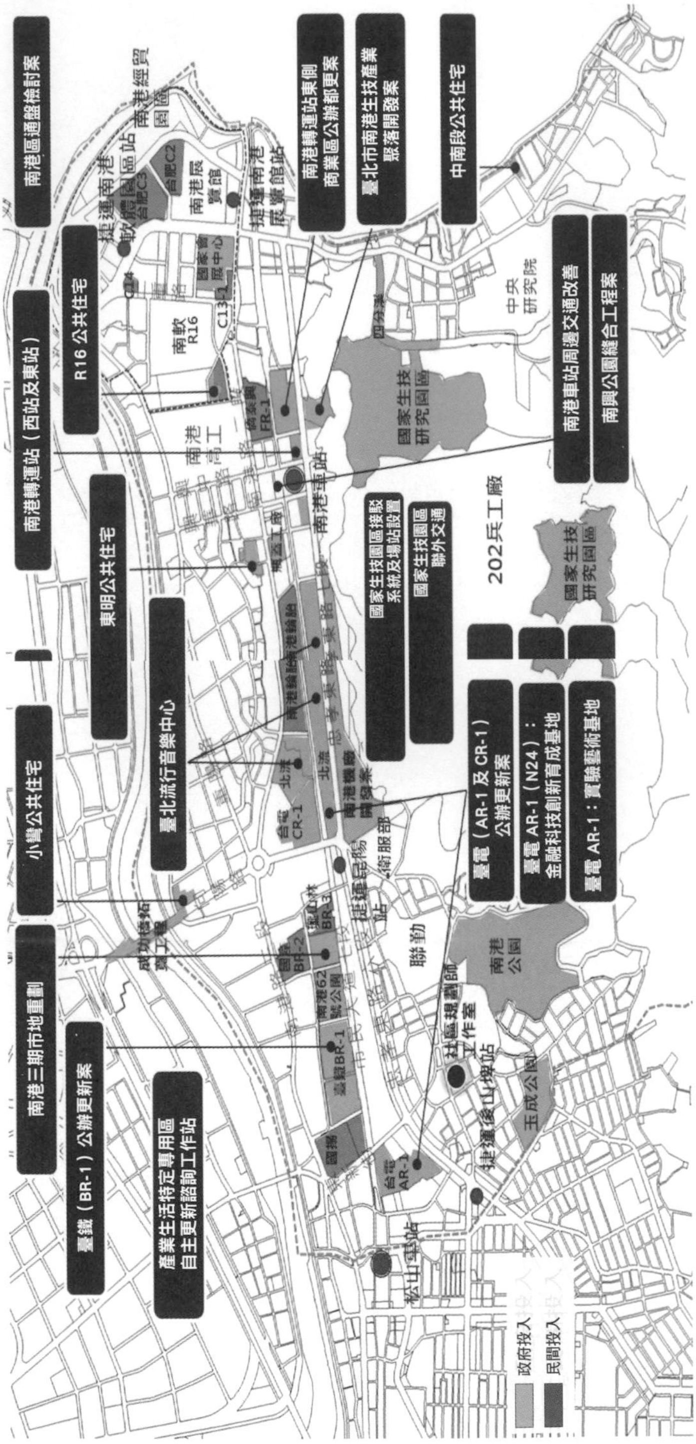

南港區通盤檢討案
南港轉運站東側商業區公辦都更案
臺北市南港生技產業聚落開發案
中南段公共住宅
R16 公共住宅
南港轉運站（西站及東站）
東明公共住宅
南港車站周邊交通改善
南興公園縫合工程案
國家生技園區接駁系統及場站設置
國家生技園區聯外交通
202兵工廠
臺北流行音樂中心
小彎公共住宅
臺電（AR-1 及 CR-1）公辦更新案
臺電 AR-1（N24）：金融科技創新育成基地
臺電 AR-1：實驗藝術基地
南港三期市地重劃
臺鐵（BR-1）公辦更新案
產業生活特定專用區自主更新諮詢工作站
南港車站
松山車站
南港公園
玉成公園
中央研究院
國家生技研究園區
政府投入
民間投入

東區門戶計畫

土地增加，當時的臺北市府針對南港做了區域性的都市計畫，可是一拖二、三十年過去，遲遲沒有動工。到我上任之後，推動西區門戶計畫累積了相當的經驗，緊接著便啟動東區門戶計畫。

東區門戶計畫的最大特色就在於它是全新區塊，等於從頭開始。這是臺北市二十多年來，真正全新建設的一個區域。西區門戶計畫占地三十公頃，而東區門戶計畫有四百四十公頃的面積，範圍從松山車站到南港車站。這樣廣闊的範圍，當然要好好利用，所以我們提出了五大中心計畫──交通、軟體、會展、生技和文創。

三鐵共構、交通樞紐，為南港發展奠定良好基礎

東區門戶計畫以南港車站為中心，因為南港車站自從有了高鐵建設，便成為高鐵、臺鐵、捷運三線的集合點，還有公車轉運站，是名符其實的交通樞紐。基隆、宜蘭等地的居民若要前往中南部縣市，除了開車之外，最快的方式是搭公車到南港車站，轉乘高鐵或臺鐵南下。同樣的，臺北市與西部各縣市民眾也可由南港轉乘客運或鐵路前往宜蘭、花蓮。南港逐漸成為整個東

北臺灣的出入門戶。

另外，從交通流量也能看出南港的重要性，我們統計過去五年臺北市各捷運站的出入人數，發現人數成長最高的是南港站，成長率百分之一〇四，等於翻了一倍；第二名是捷運中山站，才百分之三十三。人流與金流是正相關，有人潮的地方，商業發展迅速，前景可期，可見南港的未來發展性。還有幾個數字也值得參考，比方說西門站成長率超過百分之十六，信義區的世貿站也是正成長百分之十六，這兩個地方都持續在發展；但是忠孝復興站、士林站的出入人口數卻往下掉，由此也可以判斷在地經濟的狀況。

從研究到生產，戰略布局加速生技產業發展

除了有三鐵共構的優勢以及人流量增加，更重要的是南港是北臺灣重要的生技產業聚集地。而生技產業，是臺灣未來發展的重要方向。

為什麼生技產業很重要？未來臺灣能夠發展的產業，除了ＩＣＴ資通訊產業，再來就是生技產業。而且我們不但要發展生技產業，還應該發展與資通訊相關的生技產業。過去的聯考制度下，第二類組最好的科系是電機

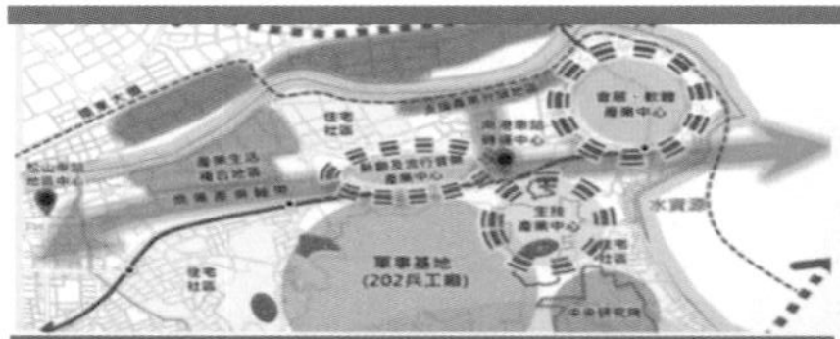

南港區全區通檢

108.1.18公告實施細部計畫

社宅社區興建

6處基地，共3,175戶
（東明社宅108.7完工、
108.9招租公告、109.2入住）

南港轉運站東側商業區公辦都更案

107.8與投資人簽約
108.7.30事業及權利變換計畫報核
108.9公展

成功橋拓寬

106.10開工
108.11竣工六線道通車

臺北流行音樂中心

北基地（表演廳）108.2完工，
108.4功能測試
南基地108.12竣工

南港生技產業聚落（忠孝營區）

107.4完成簽約
108.4都設審議通過刻辦理建照
申請審查，112年啟用

東區門戶計畫的進程

系，第三類組則是醫學院，這兩個科系長期以來獨占鰲頭，理論上來說，臺灣在電機和生醫兩大領域累積了相當多的優秀人才。如果這兩個產業能夠串連起來，強強合作，互相帶動，發展效果會更好。

在南港，完整的生技產業鏈已經就位：中央研究院、國家生技研究園區、國家動物實驗室，還有南港車站對面正在ＢＯＴ興建的南港生技園區大樓，速度快的話，也許二〇二二年底可以完工。此外，衛福部食品藥物管理署等與生技產業相關的藥政、醫政單位也都設在南港，未來臺北市政府衛生局也將會遷往南港。

然而，想要扶持一個產業，只有研發尚不足以撐起全面的發展。對生技來說，研發之後，還需要試驗，更需要生產。關於試驗，臺北市有八家醫學中心可以提供支援。更重要的是，生技產業的生產基地可以在竹北的新竹生醫園區。而從竹北到南港，每天有五十一班高鐵，單趟只要三十五分鐘，交通往返極其便利。

可以說，從研發、試驗到小型量產，生技產業流程需要的一切，南港都已經準備好了。

國家會展中心、流行音樂中心，帶動新產業發展

以往談到臺北的會展中心，我們立刻會想到信義區世貿展館和臺北國際會議中心。但隨著業務量增長，再加上南港軟體工業園區和國家生技產業園區對於會議、展覽業務的需求，在南港的國家會展中心一期與二期完工後，除了可以帶動當地的會展產業，同時能輔助周邊餐飲、旅宿飯店的發展。

二〇二〇年開始營運的臺北流行音樂中心，是一座以流行音樂為主題創建的複合式園區，由北市府提供土地、設計規畫、興建並負責未來的營運。臺灣的流行音樂文化發展得很早，影響深遠，但是我們能夠提供舉辦演唱會的場館卻很有限，三千人以上的場館數量為零。小巨蛋雖然能夠容納上萬人舉辦演唱會，可是租金昂貴，也不是專為演唱會而設計的場館，對於許多歌手或樂團來說，在小巨蛋開唱是畢生夢想，但是觀眾人數無法達到預期，支出遠大於收入，開演唱會等於賠錢，於是只能退回三千人以下的場地。

北流中心的主場館可以容納約五千人左右，規模次於小巨蛋，是專屬於流行音樂演出的大型表演場地。還有可以容納約三千人左右的戶外音樂主題公園，可以配合做不同形式的演唱會。

臺北流行音樂中心／小彎社宅／臺北方舟（由上至下）

不只是演唱會場地，北流中心還設計了可容納兩百人、八百人和一千六百人左右的 Live House 表演廳，同時設有錄音室、團練室等設施，可以說是培育流行音樂人才的育成中心，更是臺灣重要的流行音樂場景。

同時，我們還設置一個流行音樂文化館，有系統地蒐集、整理臺灣流行音樂文化方面的資料，盡可能地加以保存。預計將透過展覽的方式，讓大家能夠理解臺灣流行音樂發展的歷史。希望透過全方位的協助，帶動流行音樂產業與周邊音樂產業的發展。

瓶蓋工廠、臺北方舟成為新創產業聚集地

我常說臺灣一定要發展新創產業，也希望臺北能成為全亞洲最適合新創產業發展的城市，因為創新是臺灣產業唯一的出路。但是所謂培植新創產業，並不只是領導產業發展，更重要的是打造一個平臺，協助企業與個人透過這個平臺有效地運作。政府絕對不會比業界更瞭解市場，如果讓政府領導市場，就是外行領導內行，結果會變得很可怕。

要培育新創產業的第一步，是設立新創基地。由於難以準確預測未來的

“ 創新是臺灣產業唯一的出路。 ”

產業將會是什麼模樣，我們只能先準備好戰略基地，也就是新創基地，作為各種發展的培養皿。

以臺北市來說，我們規畫了二十三座基地，現在已經開幕營運的大約十四個，其他陸陸續續會開放，而瓶蓋工廠和臺北方舟，就是我們在南港地區的兩個新創基地。

瓶蓋工廠的歷史要從第二次世界大戰談起。當時日本殖民臺灣，在南港成立了「國產軟木工業株式會社」，這是一個製造軟木塞、瓶蓋和碳化板的工廠。臺灣光復後，菸酒專賣局接管了這座工廠，生產公賣局需要的各種瓶蓋和軟木塞。二〇〇四年，工廠停止營運，廠房廢棄。後來在做都市計畫的時候，我們將瓶蓋工廠納入改造。

我還記得第一屆任期的時候，文資保護團體希望我簽署同意書，保留南港瓶蓋工廠。但後來我發現這個場地的土地屬於國有財產署，所以我要求國產署不可以拆這些建築，還要保護它們。國產署不同意，把我們告上法院。文資保護團體的抗議行動也不斷，為了解決雙方衝突，我想出一個方法：換地。拿立法院的土地和國產署交換。這麼做，市政府就能針對瓶蓋工廠這塊土地進行規畫與開發。

另外我們也打造「臺北方舟」新創中心。這座場地原本是臺電倉庫，改建之後成為新創產業的基地，主要做的是區塊鏈（Blockchain）技術應用與發展。對很多人來說，區塊鏈是一種新的網路技術，但是從趨勢來看，未來必然藉著區塊鏈發展服務生態，尤其因為新冠疫情影響，我們對於數位網路的需求越來越強烈，如何研發區塊鏈技術，使之與金融、醫療、文化、商業或農業經濟等民生服務結合，是臺灣未來區塊鏈產業發展的目標。

引入循環經濟概念，在地社宅減少聯外交通負擔

我們在南港地區規畫了六個社會住宅，總量大約三千多戶。其中，東明社宅、小彎社宅、中南社宅都陸續完工、開放申請抽籤、入住。現在還在施工的，是經貿社宅、玉成社宅和南港機廠社宅。

南港機廠社宅是東區門戶計畫中的一個子計畫，也是臺北市的社會住宅中基地最大、戶數最多的一座，預計蓋一千四百多戶。這座的重要性不僅在於它的戶數多，而是我們將新創基地與社宅連結在一起。除此之外，這也是臺灣第一座大規模循環經濟建築。

循環經濟是目前先進國家的主流思想，不過在臺灣是第一次實施。建築業是一個高耗能產業，但因為環保意識抬頭，越來越強調永續經營，所以在蓋這座社宅時，我們盡量採用可以回收的建材（循環建材）。如果五十年或七十年後，建築老舊或另外有其他用途要拆掉，現在使用的建材都可以回收再利用。

為什麼要在南港蓋三千戶社宅？我們的目的是希望讓在地工作的人就近住在這裡，減少人流進出導致交通壅塞。為了達到這個目的，我們甚至討論改變社宅抽籤的順序，優先讓在南港地區工作的人抽籤。這麼做的好處是讓這些在南港工作的人縮短上班的動線；這些人住在這裡、在此地工作，又有交通幹線支持，於是南港就成了一個次都心。

這樣的規畫是我們從整頓內湖交通問題得到的教訓和啟發。現階段內湖每天大約有十五萬人通勤上下班，一到交通尖峰時間就大塞車。若要有效改善內湖的交通問題，必須等到環狀線全部完工，透過大眾運輸工具才有辦法徹底解決。

有了內湖的慘痛經驗，我們絕對不能讓南港重蹈覆轍。

南港綠廊串連區域內各大樓，活化商業發展

有一次我去紐約參訪，參觀了一座Highland Park，空中鐵道公園。這座公園的前身本來是高架鐵路，後來鐵路廢棄，加上附近房產經濟效益不大，就把它改變成一座空中花園，廢棄的鐵道直接改成人行步道。傳統的商業區都是商家在地面上，但是這個鐵道公園建立之後，沿高架鐵路的辦公室都成為店面，商業面積大幅增加。

後來我把那位設計師請來協助設計，未來從南港車站出來，從車站一直到國家會展中心、臺北流行音樂中心，沿路所有重要建築都將以空中步道串連，全長四·二公里。但是要做這樣的安排，必須先有長遠的市政規畫。南港綠廊的構想在都市計畫之初就已經設計好，接下來蓋的每一棟建築物，都會配合空中步道的高度預留銜接位置。最後大樓蓋好的時候，空中步道也會銜接完成。

公民參與解決爭議問題，資訊透明減少爭端

經過東區門戶計畫的設計和實施，我認為未來幾年，臺北變化最大的地區就是南港。

不同於西區門戶計畫的範圍內幾乎都是公家用地，東區門戶計畫的發展之所以更加困難，是因為私人地主太多，必須協調用地分配，導致土地取得很費時費力；另外還要將重劃區與非重劃區彼此銜接。

從規畫溝通之初，就有很多不同的聲音，比如文保團體和熱心人士希望能夠保留瓶蓋工廠，但是里長們希望能全面開發，每個人都有自己的立場和想法，各執己見，想法差異很大。為了解決問題，我們從一開始就擴大公民參與討論，將地主、公民團體和里長等都找來，一起坐下來，以專案小組的方式公開討論，市府居中協調，彙整大家的意見，整理開會紀錄，將所有資料全部上網，讓資訊能夠公開透明。

各種協議都達成之後才真正開始動工，並以宜居永續為主軸，逐步落實改變。可以說，東區門戶計畫是一次性規畫，分階段實施。它會呈現出全臺北市最現代的設計，也是我們總結過去所犯錯誤後的全新設計。

從西區門戶計畫到東區門戶計畫，彰顯了北市府團隊在推動計畫上的耐力與執行力。像這樣大的都市計畫，需要時間、心力去打磨，解決衝突問題、商討解決方法，最後一項一項監督、追蹤，才有可能成功。如果遇到繁瑣的事情就自亂陣腳、面臨各方利益衝突就打退堂鼓，不去做或懶得做，就永遠不可能成功，也不會看到南港的新風貌。

迎新存舊展風華：中正橋改建

中正橋的舊名是川端橋，完工於一九三七年，因日治時期與臺北市川端町（今日的水源快速道路附近一帶）連接而得名，後來橋面拓寬又延長，變成了新橋包舊橋的建築，並改名為中正橋。

中正橋被列為二十世紀初臺北城四大名橋之一，也是目前僅存的一座。主橋長四百公尺，橋體跨越新店溪，串連臺北市重慶南路和新北市永和區永和路，並設有閘道連結水源快速道路和環河快速道路。由於車流量大，加上建築結構逐漸老化，耐震、防洪功能不足，臺北市政府工務局工程處從二〇一一年開始評估改善工程計畫。

中正橋的改建有個最大挑戰，就是要證明「我們不只會拆橋，更會蓋新橋」。由於拆除舊橋我們已經有執行經驗，但中正橋新橋的工程相對來說複雜又困難。完工之日應該是在我卸任之後了，但我相信臺北市政府團隊會再度拿出執行力與效率，在最短的時間內，給往來雙北的民眾一座安全又穩固的新橋。

八十七小時拆除重慶南路高架橋並鋪設平面道路

重慶南路高架橋及橋下的自強市場興建於一九七二年。這座高架橋從和平西路延伸至中正橋橋頭，可以算是中正橋至市區的引道，橋下空間原設置了自強市場，主要販售二手家電及二手傢俱，但因經濟發展及生活形態改變，市場多數空間早已廢棄不用。由於高架橋阻礙兩側通行，影響當地商業發展，加上橋體老舊也有安全疑慮，所以改建中正橋的第一步，就是重慶高架橋與自強市場的拆除作業。

比照三年前拆除忠孝橋引道的經驗，我們於二〇二〇年一月二十三日小年夜的晚上九點封閉道路，開始動工刨除橋面瀝青並拆除混凝土塊，卸除路燈及號誌等設施，經過十五個小時的閃電戰，於二十四日下午兩點完成最後一根樑柱拆除。

根據新工處統計，這次拆除重慶高架橋總計動用施工機具四百三十七部，人力達一千三百九十七人次，並在動工後九十四小時恢復全線通車，完成的工程包括橋面拆除、下部結構拆除，以及路基回填。

整個拆橋的過程我們事先經過反複演練。我強調「慢慢想，快快拆」，標線怎麼畫、拆除順序怎麼安排，還有工務局、交通局、警察局、新工處怎麼協調，這些都要先做好配套，加上市府各局處互相協調、排除困難，施工團隊縝密又精準執行，最後才能順利完成工程並提前開放通車。

跨河段新橋施工與舊橋再利用

在我任內，臺北市政府的重大工程都是採取最有利標，而不是價格標，目的是希望以最有效率的時間完成最有品質的工程。中正橋的改建有一項特

重慶南路高架橋

拆除前	拆除過程	拆除後

108年5月開工

第一階段：重慶南路高架橋及自強市場拆除

☑ 109年春節（01.23-01.27）拆除重慶南路高架橋鋪設平面道路（94小時）

第二階段：堤外跨河段新橋施工

☑ 112年5月新橋通車

第三階段：川端橋保存再利用

☑ 112年10月川端橋風華再現

中正橋改建作業與流程

點，就是基於保存歷史建築，必須將舊橋留著，讓新橋從一旁繞過去。新舊融合比拆掉重建的設計艱巨許多，所以改建從工程發包開始就困難重重，歷經五度招標才發出去。

我們計畫保留原始橋墩，在一旁另外建新橋，原始的橋則鋪設路面後改為人行道與自行車道，串聯雙北的自行車道網絡系統。新橋及舊橋上會引進植栽、解說設施、休憩設施等等，並導入多樣化的靜態遊憩活動，以及加入懷舊體驗。目標是希望在都市發展與文化保存之間取得平衡。

改建範圍長約五百二十公尺，工程預計在二〇二三年五月完工。跨河主橋為了符合河川防洪的標準，以及達成文化資產審議委員會的原橋保存要求，主梁以曲線的線形配置於原橋的下游側，採透空拱肋大跨徑鋼拱橋。主跨主梁長為一百八十九．五公尺，而拱肋端點距離為兩百一十五公尺，以雙拱合併成單拱方式建造。拱肋除了設有橫樑，亦採透空造型，兩側配置多條鋼纜，將主樑載重分散至拱肋吊，創造出琴弦意象的造型。

受限於環境因素，施工採取分階段的方式進行，並預先建立好各種配套措施，好比說先施做交通便橋，再封閉局部舊橋以改建新橋，如此一來可維持現有行車動線和雙向各三車道的配置，把對往來民眾與交通的影響程度降至最低。

中正橋改建及重慶高架橋拆除是中正萬華區復興計畫的核心，我們以整體空間發展的角度思考與規畫，改善舊市區的環境品質與交通運輸功能，活化地方發展。

以實際行動落實居住正義：興建社會住宅

如果要問臺灣年輕人對這個社會最不滿的地方，一定是高房價、高房租。所以我在投入市長選舉前，就提出了興辦社會住宅的政見。

高房價的問題牽涉層面很廣，假如拿臺北的房價與上海、香港等地相比，會發現臺北房價其實不高。但是民眾感覺房價過高是事實，主要原因在於國民所得偏低。想要改變高房價問題，正確的做法除了抑制房價，更要積極讓國民所得追上房價。當然政府還必須做很多事，例如：蓋社會住宅、建立適當的租金補貼、改革稅制，還有提高空屋稅、囤房稅、多屋稅等等。試

內湖瑞光社宅

新奇岩社宅

東明社宅／南機場社宅／斯文里三期（由上至下）

想，如果資金投入房地市場的獲利比一般產業來得高，投資客當然會搶著去。

高房價就像是一顆腫瘤，當腫瘤很大的時候，不能貿然開刀割除它，而是要透過化療、電療等醫療手段，先將它縮小，然後再加以切除。根據研究顯示，如果社會住宅占住宅總量的比例來到百分之五左右，就能達到破壞價格的效果，對房價產生抑制作用。此外，政府無法保證讓每個人都能夠買房子，但最起碼要保障每個人都有地方住，所以蓋社會住宅成了當務之急。

與世界各國相比，臺灣的社會住宅占住宅總量的比例很低。二〇一四年的調查顯示，荷蘭有百分之三十四是社會住宅（荷蘭是全世界社會住宅比率最高的國家，首都阿姆斯特丹的社宅占了所有住宅的五成）、英國百分之二十，與我們相近的日本，雖然房價也很高，但他們的社會住宅比例是百分之六．〇六，就連美國也有百分之六的社宅占比。可是臺灣的社宅只有百分之〇．〇八，單就臺北市來計算，大約是百分之〇．六三。

由此可以看出，臺灣在建設社會住宅方面確實還要加強。

> 高房價就像是一顆腫瘤，當腫瘤很大時，不能貿然開刀割除，而是要透過化療、電療等醫療手段，先將它縮小，再加以切除。

關於社會住宅的四個戰略思維

在我看來，蓋社宅拚的不只是數字，還要有數字以外的考慮。就臺北市來說，我們興建社宅有四大目標：

一、解決居住正義的問題：政府雖然無法讓每一個人都能夠買得起房子，但是至少要讓大家能夠租得起房子。

二、提升城市美學：我們希望把社會住宅蓋得漂亮有質感，而智慧建築、綠建築、無障礙、防震，這些標章則是必備的，讓居民住進去有家的感覺，不是蓋得像火柴盒一樣。

三、帶動產業發展：透過社會住宅這樣的公共建設，我們希望能夠拉動產業發展，尤其是智慧建築產業與環保、綠能產業。

四、加強社區營造，融入在地環境：以往社會住宅經常被當成是鄰避建築，人們總是對它有負面印象，但現在我們將社會住宅的低樓層設計成公共空間，設置許多開放的公共社福服務。

除了幫助弱勢族群和年輕人能夠以較便宜的價格解決居住問題，蓋社宅還有一個目的，是透過住宅建設逐步調整都市計畫。以內湖來說，大家都知道內湖的交通問題非常嚴重，主要原因在於內湖聯外道路少，卻建立了大型的園區聚落，於是上下班時間的通勤人數太多，導致交通無法負荷。想要解決這個問題，除了改善交通，我們也試著透過在地興建社會住宅，讓在該區域上班上學的人，能夠就近住在這個區域，減輕往來移動的負載，局部解決交通問題。

不只是蓋房子，還要打造模範智慧住宅

臺北市政府對社會住宅的最大要求在於品質，我希望能讓住進社會住宅的民眾感覺到自己住進了一間有品質的好房子。

過往大眾對於社會住宅的印象，不外乎是老舊殘破之類的負面感覺，我記得以前去辦說明會時還遭到在地里長和議員反對，甚至是撒冥紙抗議。但是現在蓋的社會住宅，住戶大部分都是年輕人，也不會讓附近房價低落，市府還會利用社宅推動建築產業升級，建立新的社區模式，讓社會住宅具有示範性與引導性的作用。比方說，我們與臺電等單位合作，在社宅引入智能管理系統，像是智慧電表、智慧水表、智慧瓦斯、智慧付款，甚至是智慧保

全。例如，明倫社宅即採用全棟無現金交易，房租、水電費等均可刷悠遊付繳費。

當然，社會住宅一定是無障礙空間，並且考慮到環保問題，盡量做綠建築設計，使用環保可回收的建材，讓社會住宅也具有永續經營的概念。最重要的是，臺灣常見的天災是颱風和地震，所以社會住宅一定要有足夠的耐震設計。

讓社宅融入社區，成為大家的「好厝邊」

社會住宅不能獨立於社區之外，而是要融入社區。因此在我任內開工興建的社會住宅，於計畫推展之初，我們都會派人拜訪里長、與里民懇談，瞭解社區的需求，並在設計時將這些需求融入社會住宅。

好比說，現在有所謂的三明治世代，上有父母要照顧、下有小孩要撫養，三明治世代是壓力最大一群，所以在蓋社會住宅時，我們都會預留公共空間，引入公共服務的設施或單位，像是社區活動中心、身心障礙資源中心，或是公共托育家園和長照機構。這些機構不僅為社宅的住戶服務，也為附近的社區居民帶來便利。

另外，在每一棟社會住宅的居民將入住前半年，市府秘書長會召集睦鄰計畫，跟附近里長溝通，看看有沒有水溝要清、設施要粉刷，增進在地社區對社宅的好感度。

最重要的是，對於社宅的居民，我們堅持採取混居，而不是把所有經濟弱勢的人都塞進一棟大樓裡。混居最大的優點是減少標籤化的問題，避免入住者遭到外界歧視，也能讓社宅與周邊社區有良好互動與融合。

從錯誤中學習，建立完善制度

自我上任臺北市長以來，投入了大量時間與精力在興建社會住宅。總計兩屆任期開工的社會住宅是一三二〇九戶，完工七七〇四戶，其中包括前市長任期開工的一五六二戶，再加上都更分回的住宅和聯開分回的住宅，加總起來，將近兩萬戶左右的社會住宅，投入了社宅租賃。

不得不承認我剛開始太過樂觀，以為八年可以蓋足五萬戶，但是真正蓋下去才發現沒有那麼簡單。社宅不是編列預算就會長出房子。編了預算，要

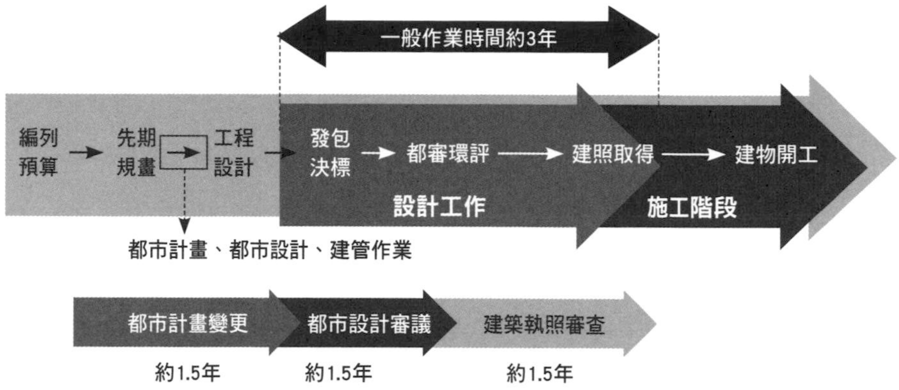

社會住宅作業期程

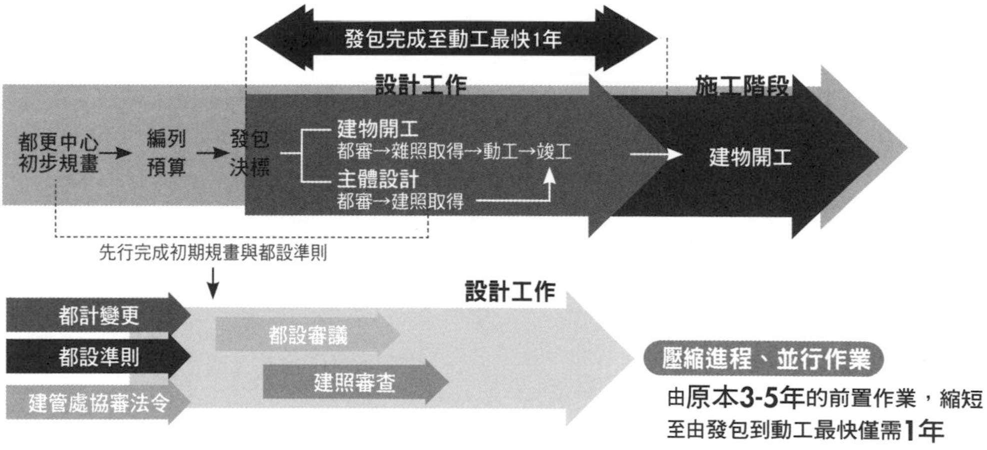

臺北市社會住宅推動歷程
（縮短作業期程，加速進度）

找地，要和里長、里民們溝通，要有交通維護計畫，要處理各方的陳情抗議，這些都必須花時間好好說明和處理，光是這些前置流程可能就要花上兩、三年的時間。

實際執行的過程也有各種需要解決的問題，當建築設計干擾到周遭住戶時，就必須檢討、修改，改設計、改容積率、重新規畫交通路線，然後再向議會申請預算，準備開工。

開工之後要監工、撥款，蓋好房子要驗收，還要計入維修、物業管理等成本，然後安排住戶申請、抽籤、搬入，這中間可能發生的意外狀況實在太多了。我曾經碰到房子蓋到一半，營造商突然倒閉。上游廠商跑掉，下游廠商沒有拿到錢，作為建案負責人，我們不能說「這件事和我們沒關係，你去找營造商解決」，而是必須協調問題，處理善後，讓廠商能安心地繼續蓋下去。雖然關關難過關關過，但我必須坦承地說，八年開工一萬三千多戶或許已經是整個市府團隊的極限。

經歷這些波折，讓我們更加理解建設社會住宅有多麼不容易。觀摩韓國的社會住宅制度，我們發現韓國也花了二十多年的時間，才建構出一整套完整的社宅體系。所以這八年時間，我們等於是以實戰的方式，在錯誤中學習，從學習中成長，一步一步奠定臺灣社會住宅制度的基礎。

儘管執行有難度，但我堅持臺北市社會住宅的最終目標是五萬戶，因為以學理上來計算，有五萬戶只租不賣的社會住宅，大約是總戶數的百分之五，就可以對房價產生有效的抑制。臺北市大約有九十五萬戶住宅，以百分之五計算，大約就是五萬戶，所以五萬戶是我們的終極目標。

居住正義的問題不是蓋幾棟社宅就可以解決的，也不是靠一個市長一任或兩任的時間，就能扭轉現實改變一切。更重要的是，確定政策後，一步一腳印地去做。在我的任期內，雖然只開工了一萬三千戶，但市政是一棒接著一棒的接力賽，當我們把基礎打好，把制度和規範做起來，後來的跑者就會繼續跟隨我們的腳步前進。

調整租金，讓社宅永續經營，不要債留子孫

在我第二屆任期間，曾經對社會住宅的租金做了一次調整。

就臺北市的狀況來說，目前規畫的社會住宅約有五十處，總經費一六〇五億。其中北市府自有基金百分之五·六，中央補助百分之〇·八，其他還

> 居住正義的問題不是蓋幾棟社宅就可以解決的，更重要的是，確定政策，把制度和規範做起來。

有一五〇三億的費用，是臺北市政府向銀行貸款。我一直重申「借錢是要還的」，也堅持財政紀律，不希望因為向銀行借的這一千五百多億經費導致財務無法平衡。欠錢不僅要還，還要繳交利息，所以我們在討論社會住宅的房租時，必須務實面對這些問題。如果負債營運社會住宅，到最後整個市政的財務就會被拖垮。

以健康社宅為例，二〇一七年的時候，我們計算自償率，樂觀地認為可以達到百分之一百三十五，但是到了二〇二〇年實際出租的時候，發現自償率只能達到百分之九十四．四。這樣的落差不僅發生在健康社宅，也在其他社宅出現。對此我們認真檢討，發現有幾件事情是我們當初沒有考慮到的：

一、社宅維護費用過高：只租不賣的社會住宅，維護費用很高。因為租客對待租來房子的態度和對待自有住宅的態度不一樣。自己的房子自己會愛護，租來的房子遲早要還給房東，使用上就不會那麼愛惜，所以房子內裝耗損率很高，我們必須花更多錢維護建築內部。

二、社宅修繕成本高：由於臺灣地理環境經常要面對地震、颱風和白蟻的侵襲，所以建物營運修繕成本本來就偏高。

三、缺乏對社宅營運成本的認知，態度過度樂觀：以興隆國宅為例，設計之初，我們沒有考量到營運時人力的支出，導致完工後才發現兩棟大樓需要兩套保全人員，但是一般社區即使有好幾棟大樓，通常也只需要一組保全人力。這些在事先設計時疏忽的部分，後來成為營運時無法避免的支出。

四、建築成本逐漸上漲：二〇一四年蓋世大運選手村的時候，總共二千九百零七戶，每坪造價是八．五萬。但是到了二〇二〇年建築社宅的時候，造價已經漲到了每坪十五．四六萬，足足成長了百分之三十八；到了二〇二二年，因通膨的關係，每坪已超過二十萬。建築成本只漲不跌，如果市府標案的價格不給到夠，即使想要發標，也沒有營造商願意承接，因為沒有人想要做賠錢的生意。租金反映成本，這也導致後來的租金上漲，每坪約七百到八百左右。

除此之外，社會局提供的分級租金補貼一年大約十四億左右。如果社會局補貼多，房客的負擔就會減少。但是政府補貼不是金山銀山無窮無盡，這些補貼也是財政支出的一部分。這也是為什麼我們必須調漲租金的原因。

曾有人建議我，為了減少社會住宅的營運成本，可以修改法規，讓社會住宅不用繳交房屋稅、地價稅，這樣政府負擔可以減輕，租金也可以調降約百分之二十五。但是我反對這麼做。房屋稅、地價稅是地方稅，如果今天被我片面取消了，也許租金立刻下降，對外可以做一波宣傳，但是往後北市府就不能再收社會住宅的房屋稅和地價稅。這是一個極不負責任的行為，市政是一棒接著一棒的，我不能因為要達成自己的政治目標，或者讓現在的市民開心，就把債務留給子孫。

綜合上述問題，當我們實際計算租金時，發現與原本的預想有很大落差。其實，如果只蓋五百戶社宅，租金便宜不是問題，因為要補貼的錢不多。但如果要蓋五萬戶，要補貼的錢就多了。要長期推行這個計畫，健全社宅制度，朝蓋五萬戶社宅的目標前進，我們就勢必要讓租金合理化，否則一旦財政破產，立意再良好的制度都會成為政府和人民尾大不掉的負擔。

改進社宅的空間設計，節流開源並進

租金調漲對於社宅入住率有沒有影響？以二〇二〇年底開放申請的明倫社宅為例，一房型與二房型的中籤率分別是百分之九和十一，平均起來大概只有一成的申請者可以中籤。這表示即使房租調漲，申請入住的人仍然很多，顯然是因為租金還是遠低於市價的緣故。

但是要降低租金，我們就要思考如何從源頭設計和配套措施等方面，蓋出營運成本較低的社宅，不要讓同樣的問題再度發生。

經過多次檢討，我們也有了改進的方向：

一、控制社宅的房型與坪數，降低租金：先前的社宅在設計上經常有一些缺陷，比方說陽臺過大或室內坪數太高，導致租金過高。日後我們在社宅的設計上，會以「平實」、「合用」、「可負擔」為原則，調整陽臺大小、避免公共走道空間過大、縮小坪數、調降租金、降低管理費用。另外也有人反應社宅三房型的數量太多，不符合多數租屋者的需求。現在的社會住宅在房型比例上採六三一制度，一房型的占全部總量六成，二房型占三成，三房型最少，大約占一成。三房型的坪數最大，租金也最高，對於承租者來說負擔最大，之後我們會再討論減少三房型的比例。

二、確保租金單價合理：訂定社宅租金時，我們會與周邊不動產出租市場的租金行情做比較，確保單價在市價百分之八十五以下。此外，考慮到民眾的負擔能力，以家戶所得的三成作為可負擔租金上限，按照不同行政區的需求，調整適合出租的坪數與房型。以興隆社宅為例，原本我們實際租出去的價格是市價的五五折，幾乎是半價出租，經過調整後，現在以市價的七折出租。

三、給予適當租金補貼：針對住戶實際收入狀況給予租金補貼，比較弱勢者可以得到較高的補貼，減輕租金負擔，收入高者則不予以補貼。

四、針對設計缺失調整租金：有些社宅因為建造時設計失當，陽臺面積過大，造成住戶承租相同坪數室內空間時必須負擔較高的租金，比方說明倫社宅部分房型有八坪陽臺的設計、木柵社會住宅則有七坪陽臺。市府會承擔善後責任，社宅陽臺面積超過五坪者，將扣減陽臺的租金。

五、保留部分商業空間承租，增加租金收入：節流之外還必須開源。雖然社宅的低樓層空間被設計為公共使用，優先給公托、銀髮長照、身心障礙等各類機構，但我們應該酌情留下一些商業面積，對外開放承租。允許部分商業入住，可以增加社宅的租金收入，減輕住戶開支。

社會住宅在興建初期，因為經驗不足，有很多失當的地方。但是對政府來說，蓋社會住宅是必須也是必要的施政，而且一定要考慮永續經營。經過兩屆任期，我們逐漸掌握社宅租金的制定原則：民眾可負擔、政府可承擔和確保永續經營。

作為臺灣的領頭羊城市，我們經常跑在最前面，總是會碰到很多以往沒有遭遇過的問題。我常常說，這個世界不缺乏指出問題的人，缺的是解決問題的人。既然出現問題，我們就解決問題，不斷遇到問題，就不斷解決問題。

正如同新藥上市必須先做臨床試驗，一個社會制度的推廣同樣需要有先行的實驗。如果蓋了兩萬戶社宅，我們可以選其中的兩千戶作為社會實驗戶，一些社會制度的新模式可先在這兩千戶做實驗，成功了，再去影響全部兩萬戶的社宅，再進而影響全臺北市的一百萬住戶。

現階段每完成一個社宅專案，在住戶入住一段時間之後，我們會蒐集住戶意見，彙整後寫檢討報告，再根據檢討報告更新社宅興建標準。經過一次又一次反覆的檢討和修正，一套完整的社會住宅施行準則也逐漸確立。

第四部

財政紀律

嚴格執行財政紀律，至少，當我們想要推動什麼計畫的時候，不用擔心財政赤字，把焦點放在市民需不需要、這麼做對市民好不好。光是這種心態上的差異，整個市府在行動上就會有不同的變化。

我上任臺北市長的時候，北市府負債一千四百六十八．七億元。任期前五年，我已還債五百七十億。很多人說我是有史以來最能還債的市長，其實原本可以還得更多，後來新冠疫情爆發，加上隨之而來的通膨，衝擊各行各業，比方說臺北捷運公司因為運量下滑導致虧損，市府又要提供紓困、產業振興和疫情防控費用，使得我們沒辦法像先前那樣積極還債。

我曾經詢問北市府主計長和財政局長：「這些用來還債的經費都是從哪裡來的？」他們回答說：「其實每個地方都有錢，零零碎碎湊起來，就這麼多。」

我曾在演講時談到這件事，提出了一套所謂的「倉庫理論」——有間存放米糧的倉庫原本沒有人看管，老鼠們不管白天晚上都在倉庫裡面大吃特吃，不久倉庫來了一隻貓，那隻貓每天早上七點半就開始在倉庫裡到處巡視，直到晚上十點也不走，以往隨心所欲偷食的老鼠看見有貓在，嚇得不敢輕舉妄動。到了年底的時候清點庫存，發現倉庫裡長期累積下來，多了不少米糧。

當然，倉庫理論只是一則比喻，但它真實呈現出我對財政紀律的要求，以及有關財政紀律的兩個重要認知：一、欠債是要還的；二、欠債是要付利

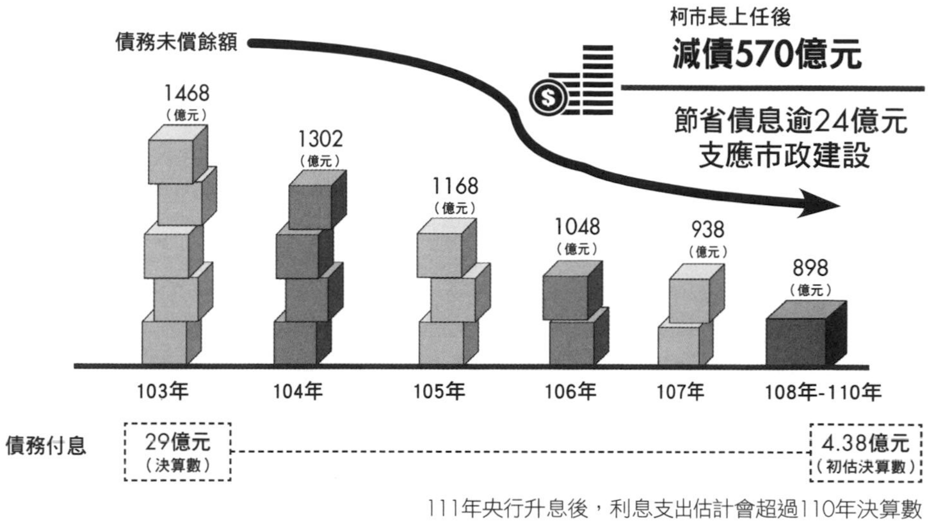
債務未償餘額
柯市長上任後
減債570億元
節省債息逾24億元
支應市政建設
1468
(億元)
1302
(億元)
1168
(億元)
1048
(億元)
938
(億元)
898
(億元)
103年
104年
105年
106年
107年
108年-110年
債務付息
29億元
(決算數)
4.38億元
(初估決算數)
111年央行升息後，利息支出估計會超過110年決算數

臺北市政府還債進程

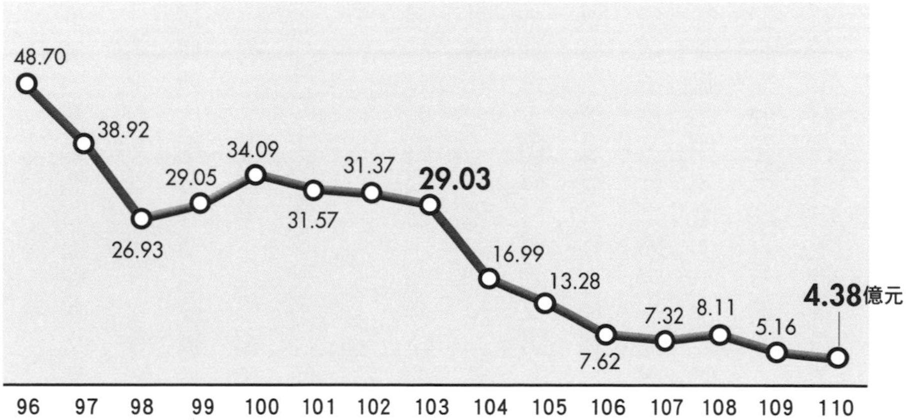
48.70
38.92
26.93
29.05
34.09
31.57
31.37
29.03
16.99
13.28
7.62
7.32
8.11
5.16
4.38億元
96
97
98
99
100
101
102
103
104
105
106
107
108
109
110

減少債息支出進程

息的。

欠債當然要還、借錢當然要繳利息，這不是世間必然的道理嗎？然而我發現理所當然的道理，經常被政府單位漠視。在我任期第一年，北市府光是償還債務的利息，一年就要支付二十九億。這代表什麼意思？也就是一年間什麼都沒做，也要準備好二十九億繳利息。這二十九億還不是償還債務本身，只是利息。從而導致那時候我們不管想要推動什麼建設或施行任何計畫，聽到的第一個反應經常是「沒錢」兩個字。

整頓北市府財務問題的第一步，是先償還利息高的債務，還到第四年的時候，每年支付的利息降到七．六億。二十九億和七．六億之間足足差了二十一．四億；一年減少二十一億的利息，五年就省了超過百億的支出。

實務上，政府施政常見的一種情況是，舉債欠錢之後，利上加利，這樣的財政模式本身就是惡性循環，再加上反正債留子孫，於是產生一種不負責任的氛圍。我要求臺北市政府各單位嚴格執行財政紀律，至少，當我們想要推動什麼計畫的時候，不用擔心財政赤字，把焦點放在市民需不需要、這麼做對市民好不好。光是這種心態上的差異，整個市府在行動上就會有不同的變化。

我向來對臺灣各級政府的財政紀律難以認同，舉債放煙火、舉債給紅包……有任期的選舉制度加上沒有歷史觀的政治人物，造成了臺灣今日這種不負責任、債留子孫的政治困局。當局者總覺得既然有錢就把它花完，沒有錢再去借來花，反正任期結束後的問題與自己無關，讓接任者去想辦法就好。這是非常糟糕的想法。

沒有財政紀律的國家一定會衰敗。政府的錢不是天上掉下來的，而是人民納稅繳交的血汗錢，每一塊錢都來自於人民，所以每一塊錢都必須謹慎利用、不應該浪費。政府若隨意舉債，高額的債務衍生出的利息，遲早會吞噬國家財政。

我對財政紀律的堅持，奠基於一個很簡單的念頭：我們究竟要留給下一代一個怎麼樣的臺灣？每次做決定的時候多想想這一點，就會做出不一樣的選擇。

> 有任期的選舉制度加上沒有歷史觀的政治人物，造成了臺灣今日這種不負責任、債留子孫的政治困局。

開放政府，推動參與式預算

臺北市政府自二〇一五年開始施行「參與式預算」。以往政府的預算皆由部門自行編列，只要通過議會審查就可以付諸實施，導致民眾與政府的關係非常遙遠。但是政府部門並非無所不能、無所不知，這個社會有很多盲點和實際需求，生活在其中的人往往比公務單位更有感。

參與式預算是一種讓民眾與政府一起合作的制度。人們透過公民審議及溝通協調的方式，協助將政府的公共資源做有效且合理的分配。公民可以直接參與政府預算決策的過程，並決定公共資源應該如何配置。

推動參與式預算制度，是為了鼓勵全民參與政府的施政，主動建議政府該做什麼、該怎麼做，一起努力改善生活環境，讓臺北這座城市變得更好。

更詳細來說，參與式預算是由公民決定一部分公共預算支出的優先順序。由市府舉辦會議，透過住民與社區代表討論，提出計畫，經過投票方式，將預算撥到這些計畫上，讓計畫能夠實際推動與實施。

目前臺北市政府的參與式預算制度透過提案說明會、住民大會、審議工作坊、公開展覽、I-VOTING等五個步驟進行。

一開始最多的提案者是各里的里長，因為里長們深耕社區，也在社區中生活，他們最能理解在地居民的需求，經常會為了社區的需求提案。最常見的提案內容是修整公園、綠地、公共服務中心等項目，主要是為了方便居民的日常生活。

接著，我們將參與式預算制度逐步向外推廣，鼓勵社會團體加入，針對自身的需求做出提案。於是很多社會福利單位、NGO團體也都會根據本身的需求提出預算計畫。

學生參與預算提案，讓民主向下扎根

二〇二〇年，為了鼓勵學生關心生活周遭的公共事務，透過教育課程與論壇，我們主動詢問臺北市各高中職的學生，請他們針對校園、生活環境等方面，找出需要提升與修改的建議，寫成提案。學生們反應踴躍，最後募得了一百三十二個優秀的提案。

學生的提案都很生活化，具有獨特的見地。其中有一項很具代表性的提案：一群高中生指出他們經常購買手搖飲料，而店家送來的飲料都用塑膠杯盛裝，喝完以後杯子就扔掉，製造了大量垃圾。學生們覺得這麼做很不環保，於是想出了一個與手搖飲店家、外送平臺和循環杯租借系統結合的「加速減塑」計畫，將一次性的塑膠杯改成外送專用的循環杯，透過「租借」概念，降低一次性餐具的使用。

這項提案之所以具代表性，因為它是完全從民眾生活角度出發的提議。學生們對於生活有感，透過學校專題研究課程的討論，凝聚共識，把想法整理起來，在學校所在的區域里民大會中提出。討論過程雖然屢有爭議，但是學生與社區居民、代表們不斷討論、修改，最後做出完整的架構，更說服了所有人，與各平臺和通路談合作，落實提案，付諸試驗。

二〇二一年底，臺北市政府宣布與臺北車站、公館商圈的店家合作，提供循環杯租借服務。同時環保署也提出了「一次用飲料杯限制使用對象及實施方式」草案。草案中規定，到了二〇二三年，各連鎖速食商店與便利超商必須要有百分之五的門市提供免費循環杯，如此一來，至少可以降低百分之十五的一次性飲料杯消耗。

這群學生的提案落實後，改變了我們的生活，這也是民主制度在臺北的最好體現。

我一直認為，民主制度不應該只有在選舉那一天展現，人民當家作主這件事，必須落實在我們每天的生活中。參與式預算的前提不僅是讓人民參與政府的施政，更是把以往政府不容易被人民看見的施政對外公開，讓全民得以檢視。

推動參與式預算至今，對於臺北市政府有很深遠的影響。以往公務人員不習慣向其他人解釋自己的工作，但是當我們打開政府，讓人民走進來，公務人員不再只是埋頭苦幹就好，而是要學著與民眾合作，一起完成任務。比方說在參與式預算的過程中，人們提案、討論的每一個過程，都需要有專業公務人員的參與和協助。公務員、公務單位不再是決定「可行」或「不可行」的行政機構，而是必須去思考提案者的需求、理念與構想，與人民一起執行預算計畫。

這幾年下來，我們陸續通過了三百六十多個參與式預算的提案，而且有超過七成以上的提案計畫都已經進入執行階段，甚至已經完成。在這些計畫的落實過程中，我們看見了政府與人民為了讓整個社會更好，雙方一起合作所付出的努力。這才是民主的真諦。

> 人民當家作主這件事，必須落實在每天的生活中。參與式預算讓人民得以參與並檢視政府的施政。

精實管理：讓政府資源做最有效的運用

早期的預算編列浮濫，經常有追加預算的狀況發生。我強調「精實管理」，不管是市府的錢，還是中央的補助，都必須提升行政效率，因為政府的錢是人民的血汗錢，如果不能好好運用，造成的浪費會比貪汙更嚴重。因此，催收款前五名、預算執行率倒數五名、要追加預算的、有問題的，都要在早上七點半到市長室會議報告。很多時候，大家知道需要報告，問題就先減少一半。這就是風行草偃的重要性；領導者以身作則，就可以改變整個體系的行政效率。

隨著我不斷要求財政紀律和減少浪費，慢慢的，臺北市政府的預算編列得更加實在，浮濫的費用越來越少，追加預算的狀況也不若以往頻繁。但即使如此，臺北市政府的工程質量並沒有因此受到影響，整體來看，各項工程品質反而提升不少。

二〇二〇年初，新冠疫情爆發，襲捲全球，造成重大傷亡之外，對經濟的衝擊很大。各國政府紛紛印鈔票，擴大公共支出，以振興經濟，通膨的壓力隨之產生。加上二〇二二年初，俄烏戰爭發生，通膨更加嚴重，全球物價如脫韁野馬，不可收拾。

二〇一四年蓋世大運選手村的時候，平均造價是每坪八點五萬，但是到了二〇二〇年的時候，造價已經漲到每坪十五．四六萬，成長幅度百分之三十八。而最近兩年的營造物價又上漲了，漲幅高達百分之十六！可以預期未來兩年間，也就是二〇二二年、二〇二三年左右，臺灣很多公共工程一定會出現法律糾紛，因為工程預算都是前幾年編列的，當時沒有人預想到後面物價會漲得這麼高，即使有所因應，也是多編列了百分之六的工程預備款，隨著工程繼續進行，當經費不敷使用時，一定會引起很多問題。

所以我要求正在施工或預計施工的公共工程項目，必須重新檢討預算，如果真的有困難，該停掉就必須停掉，或者需要追加預算來彌補，否則沒辦法蓋完。對於錢的問題，我的態度是很務實的。當物價已上漲百分之二十，工程預備款的編列沒有這麼高，就要趕快處理。政府的預算有限，當然必須花在刀口上，該省則省，但也不能只要馬兒跑卻不給馬兒吃草，而是要審時度勢，因應眼前的局勢，做最周詳的打算。其實節約預算和調整預算都只是負責的表現，也是「不債留子孫」態度的表現。

> 節約預算和調整預算都只是負責的表現，也是「不債留子孫」態度的表現。

杜絕浪費，積沙成塔，從小處省錢

很多人問我：「怎麼有辦法還債五百七十億？」關於這個問題，我只有一個回答：「點點滴滴地累積，從小處省錢。」

我當市長第一天就發現，市府大樓十一樓的府級首長辦公室區域居然有二十二名警察站在那裡守著。我問幕僚：「為什麼要安排這麼多警察？」他們回答：「為了保護首長的安全。」我說：「用不到那麼多人，縮減至十人就夠了。也不必讓警察整天站著，給他們安排桌子和椅子。」從二十二名警力減少到十名，就可節省不必要的人力損耗。

接著我又發現各處室都有一大堆盆栽。我問：「每天整理這些花花草草要花多少時間？」相關人員回說：「工友每天花一個半小時整理盆栽。」我說：「從今天起，誰要種盆栽就自己處理照顧，不要讓工友在這種事情上浪費時間。」

此外，臺北市政府各單位局處訂了各式各樣的報紙雜誌供大家閱覽，連週末假日也是照常派送，但是誰會特別在假日時跑來市政府看報紙？更何況大眾閱讀習慣已經改變，報紙雜誌的使用率很低。於是我下了規定，只有特定單位可訂購需要的刊物，其他則一律取消，這樣一來每年就可省下兩千萬。兩千萬很多嗎？以市政府每年的總預算來看並不多，可是累積下來，五年就省了一億元。

我當市長後還有一個規定，公務員出國不搭商務艙。我出訪各國那麼多次，都是搭經濟艙。人家說市長這麼做很矯情。我認為這不是矯情，而是務實。商務艙票價很貴，而且我上飛機以後吃顆安眠藥就能一路睡到目的地，醒來下飛機繼續工作。而市長不搭商務艙，其他人敢要求搭商務艙嗎？一年又至少省下一千萬。

檢查交通費用報銷，我發現有人明明在北市府上班，戶籍卻報在苗栗，交通費一個月可領九千多塊。我心想，開什麼玩笑，哪有人在臺北上班卻把戶籍設在外縣市，然後要求政府支付交通費？這樣一審核，每年又省下九千八百萬。

過去北市府每年都會舉辦親子運動會，運動會的初賽、訓練是在平日舉辦，還可以報加班。光是一場運動會，就可以報五萬人時的加班費。我覺得不解，大家是來上班的，怎麼還可以辦運動會？喜歡運動是好事，我很認同，可是上班時間不應該辦運動會，要辦就假日辦。結果底下的人一聽就改變了想法，表示既然這樣，以後就不辦運動會了。那正好，一年省下了五萬人時的運動會加班。

在我進入臺北市政府之前，實在很難想像政府每年要花這麼多錢在雜七雜八的小事上面。比方說，過去北市府員工每年光是花在買制服的經費就要一．六億；這些制服不僅是上班穿的制服，還有各種運動會、活動穿的活動制服。一場區運會，參與的每個人都要製作衣服、帽子、圍巾，這些小東西算起來都不是什麼大錢，但是全部加在一起就很可觀。後來我規定以後只有舉辦全國運動會才能製作服裝，全國以下級別的運動會或活動，一律停止製作制服或運動衣。

當然，警察、環保局、捷運公司、消防局等等單位的員工必須每天穿著制服上班，方便民眾辨識，政府理當為他們製作制服。可是多數公務員不需要每年替換制服，就算領了制服回去也只是放著，反而是一種浪費。所以我改變方法，給每個需要穿制服的公務員都開一個帳戶，讓員工按照個人需求去領取，如果沒有領的話，額度可保留下來。以前很多人是不拿白不拿，採用帳戶制度之後，有效節約公帑，減少浪費。

還有一些零零碎碎的費用支出，比方說以前市政府設有專人負責寫輓聯、寫中堂。我上任後也裁撤掉這個服務。這樣一來，一年也省掉了材料費七十萬。現在殯儀館的電子輓聯也從臺北市散布到各縣市去，大家也習以為常，所以傳統習俗並非一成不變，還是能試著去改變。

與大眾生活息息相關的還有YouBike。YouBike一開始是前三十分鐘完全免費，但我認為使用者付費是應該的，況且腳踏車本身有價、維修保養要花錢、管理輸送也要錢，為什麼使用者可以免費？但是考慮到推行YouBike的目的是降低大眾運輸交通的負擔，又對環保有利，所以我們只酌收半價。原本三十分鐘要收費十元，現在只收五元。這個費用不算多，但是積少成多，一年下來又可替市府節省九千三百萬的支出。

我剛上任的時候，北市府的第二預備金編列了十二．五億，那一年我們用掉七億。有人告訴我，編列二備金就是讓市長用的。我說不是，二備金是國家的，該用才用，沒有用就應該還回去，不可以隨便亂用。之後的二備金編列，我就比照第一年的實際使用狀況，只列七億多。而現在的二備金主要花在哪裡？這兩年因為疫情緣故，二備金主要用在紓困、振興經濟和防疫工作上，當然還有支應臨時需要或預算不足的部分，但無論如何，這些錢雖然編列給市長，我們也是當用才用。

我當市長以後，北市府就減少很多送禮的項目，節慶送禮在我看來，其實沒什麼意義。我的特支費大多是用在給員工發獎勵。市政府每三個月會做一次員工工作績效統計，績效好、有值得表揚事蹟的市府員工，我們會頒發獎勵金以茲鼓勵。這是我處理金錢的態度，當用就用，不該用就不要用，把錢花在刀口上。我們不吝嗇，但也不鋪張浪費。

列了這麼多，我真正想要說的是，這些年來清償的五百七十億，並不是天上掉下來的錢，而是靠著這樣一點一滴節約，慢慢省出來的。我一直希望大家能有一個認知：永遠不要相信單靠某一件事就可以改變這個國家，所有的改變都是勤奮與嚴謹累積而來的成果。

減少債息支出，避免以債養債

債務整理的原則很簡單：利息高的債務先還，利息低的債務後還，避免債務越滾越大。當銀行利率調降時，借新債還舊債，先把利息高的債務還掉，以減少利息支出。

在我的財政紀律下，臺北市的財務自主力居六都之冠，我們不僅還債，

> 永遠不要相信單靠某一件事就可以改變這個國家，所有的改變都是勤奮與嚴謹累積而來的成果。

還解決了兩百二十七億的勞健保爭議款。我要求各局處推動精實管理與減少浪費，提升效能及執行力。二〇二一年一月二十八日，臺北市政府還透過發行公債的方式借新還舊，這些從債券市場籌得的資金，會拿來償還較高利率之銀行借款，估計一年就能節省約兩千八百萬的利息。如此逐步調整臺北市政府的債務結構，省下來的利息可再挹注於更多公共建設。

政府的財政必須有長遠規畫。試問，一個負債三千億的縣市，一年要支付多少利息？負債越高，利息越高，還不起利息，又借錢去還，利上加利，債務缺口越來越大，到最後施政捉襟見肘，連馬路也沒錢補，吃苦的是誰？還不是人民受罪！

我認為政府處理預算支出，首先要強調的是嚴守財政紀律。當政府財政健全，才有辦法去推動一些大的計畫和建設。

舉例而言，在我任內提出《臺北市房屋稅徵收自治條例》修正草案並經議會通過實施，目的是改革房屋稅制。我的態度是這樣，房子是用來住的，不是用來炒的，所以如果是單一房產且屬自住使用，也就是說你只有一棟房子，而且你的戶籍就在裡面，那麼房屋稅可減免一半，因為這個房子對你來說是生活必需品，不是奢侈品也不是投資。如果你擁有好幾棟房子在當包租公、包租婆，當然就要課比較多稅金。這麼做才有辦法落實居住正義，符合課稅目的與合理性。可是政府這麼做會影響稅收，如果財務困難，很多事都沒辦法做。

財政紀律是任何一個首長上任後要解決的第一件事，而想要整頓財政紀律並不是多麼困難的事，簡而言之就是一句話：不要貪汙。我不貪汙；我不允許其他人貪汙——能確實做到這兩點，財政問題就差不多解決了。

制度公開透明，貪汙無所遁形

臺北市政府有八萬名公務人員，我們確實不能保證每一個人都不會貪贓枉法，但是我們可以努力減少貪汙發生的可能性。

要怎麼減少貪汙？很多事情都是上行下效，上樑不正，下樑就很容易歪掉。反過來說，「在上者之德風，在下者之德草，草上之風，風行草偃。」

市長不貪汙，副市長就不敢貪汙；副市長不貪汙，各局處首長也不敢貪汙，連帶底下的科長們也不會貪汙。人是有劣根性的，人們總覺得若別人得了好處，我為什麼不拿？反過來說則是，我沒拿錢，你憑什麼拿錢！

要建立正直誠信的文化，需要環境的輔助。貪汙是不可見光的事，如果我們建立起一個公開透明的環境，腐敗墮落就無所遁形。

公開會議紀錄，全程網路直播

臺北市政府每天舉行晨會，會議只要開完，二十四小時內一定會整理出會議紀錄，寄給市府各級首長與機要。收件人多達一百六十人以上，就等於寄給全世界，會議的內容全部對外公開。

再者，我上任以後也要求市府內所有與民眾相關的重要委員會會議全部必須公開，必要的話，開會時全程網路直播，所以文資、環評、都審、都計這些委員會的開會內容大多可以在網路上查到。

尤其是都審和都計會議。臺北市的地價昂貴，土地範圍差一公分就可能牽動到很大的利益。當所有相關會議全部公開透明時，想要暗中搞鬼、動手腳、趁亂撈好處的人就沒有可乘之機，這也是為什麼在我任內臺北市弊案很少的原因。

公開標案評審委員名單，禁止獨厚和圖利

我嚴格要求北市府所有標案的評審委員名單一律事先公開。最初我下令這麼做時，底下很多人有意見，他們說如果評審委員的名字公開，就沒有人想要當評審委員了。我說：「不想做就不要做，換敢做的人來。」

為什麼我會要求公開評委的名字？因為過去不少標案之所以會出問題，正是因為有些廠商知道誰是評審，而有些廠商不知道。

既然沒有辦法做到完全不讓人知道，那乾脆就讓每一個人都知道。我的用意是，當我們上標案的時候，同時公布所有評審委員名單，如果廠商懷疑其中有人會搞鬼，那就可以檢舉他。另外，所有標案評審的過程全部錄影和錄音。

評審委員也不是任意決定的。我們明文規定，依照標案金額多寡訂定評審委員人數，市府內部推派多少委員、府外要徵求多少委員，這些數字都是清楚規定好的。

我們也規定了到場人數，這項規定又叫「大巨蛋條款」。大巨蛋標案第一次投標沒過，第二次又沒有過，到了第三次的時候，十五位評審委員中有六個人不願意來投票，他們覺得已經連續兩次沒給你過，為什麼還要進行第三次！所以他們不願意來評審投票。從此之後我們就規定，重大標案的評審委員出席人數要超過三分之二。我們會事先告訴評委預期什麼時候舉行投票，並且詢問對方會不會在臺灣、能不能來出席？要是時間不能配合，就不要擔任評委，如果接任了，就一定要來投票。

除了投票數必須超過所有委員的三分之二，還有個要件是，府外委員的人數一定要比府內委員多才可以開標。為什麼會有這樣的規定？因為如果投票同意的人都是府內的評審委員，沒有府外的評審委員，可能會出現獨厚特定廠商的狀況。

採用最有利標，確保工程品質，嚴禁追加預算

最重要的，我們規定標案金額超過兩千萬以上，一定要採取最有利標，而不是價格標。這是我們吸取了許多血淚教訓後的結果。以前市政府發包的

工程標案，大家都用價格標，誰的價格最低就讓誰承包工程，於是廠商紛紛提出低於常理的價格，先搶到案子再說；等搶到標案之後，錢不夠用，再提出追加預算。使用價格標就是承包商、公務人員和首長都不想負責，最後把責任轉嫁給民眾，你不給他追加預算，他就不完工。

檢討過往的案例，我們發現使用價格標一點也不省錢，即使投標時看起來省下了錢，但一分錢一分貨，工程品質也降低了。所以後來我規定標案超過兩千萬以上採最有利標。最有利標是指依照招標文件所規定之評審標準，就廠商投標標的之技術、品質、功能、商業條款或價格等項目進行綜合評選，擇定最佳的決標對象。這麼做表示評審者要負責監督，各項品質都要兼顧，還不能隨便追加預算。最重要的是，最有利標要首長負起成敗的責任，以前價格標是最低價者得標，首長常可撇清責任，但是改採最有利標，首長就必須承擔成敗的政治責任。

案件上網招標的時候會公布所有評審委員的名字，也會公布底價。然後評審委員的組成由府內、府外按照一定比例推派或邀請。評審委員要超過三分之二的人數才可開會。所有評審過程錄影錄音，必要時網路直播，人人可看，當一切公開透明，黑箱作業就無法進行。這是為什麼過去七年多來，臺北市政府進行的ＢＯＴ案都沒有什麼問題的原因。

所以我常常說，比起事後花時間去抓弊案，不如事前就建立一個讓弊案無所遁形的制度。當制度公開、環境透明，外面的人看得清清楚楚的時候，那些想要動歪腦筋、搞鬼的人就無法下手，弊案自然而然就會減少。

不做撒紅包式的社會福利政策

關於臺北市政府的財政紀律，我認為有一件事情值得談一談，就是發放重陽敬老金。

我上任臺北市長之後做過最不得民心的事情，大概就是二〇一六年取消普發重陽敬老金。這件事引發漫長的爭議，一直吵到去年，二〇二一年，臺北市議會通過了《臺北市重陽節禮金致送自治條例》。為了要通過這個自治條例，藍綠兩黨不但發出甲級動員令，還強制要求議員們違反無記名投票的規定，必須錄影亮票為證。即使如此，議員中仍然有七人反對此條例，另外

> 當制度公開、環境透明，外面的人看得清清楚楚的時候，那些想要動歪腦筋的人就無法下手，弊案自然就會減少。

有五票棄權。

針對這個違法違憲的自治條例，北市府沒有屈服，依照《地方制度法》第四十三條送請行政院「函告無效」。

對於這個爭議，很多人都勸我：「重陽敬老金就是給老人家一千五百元的零用錢，這筆錢又不多，為什麼你不發？除了臺北市，其他縣市都發重陽敬老金，而且他們的財務狀況都比臺北糟糕。其他人都不在乎，你為什麼這麼堅持？」

我必須說，我不是堅持不發錢，而是堅持北市府的財務紀律，也堅持絕不債留子孫的理念，更是堅持不為短期利益犧牲長期利益。

加強老人社會福利，為年輕人減輕負擔

臺北市政府不是不發放重陽敬老金，我們是反對不分青紅皂白、不管有錢人沒錢人，不排富地發放重陽敬老金。從人口統計來看，臺北市六十五歲以上的人口，在我上任時，占總人數的百分之十四，現在更已經超過百分之二十。這表示五位市民中有一位就屬六十五歲以上的長者。

這樣高的比例也意味著年輕人的負擔越來越沉重。年輕一代和中年世代，除了要為自己的生活打拚，也面臨照顧老人的壓力，還要分心照顧下一代。面對這種情況，我們更需要一個完整的老人社會福利系統，盡可能打造一個對長者友善的城市，不但讓長者能夠健康生活，也減輕青壯年人口沉重的生活負擔與壓力。

有人說我不發重陽敬老金就是不照顧老人，但數字會說話，從我上任至今，社會局的老人福利預算，從四十六億增加到六十九億。如果再把交通局、民政局、教育局等單位的老人預算也加總進去，過去七年間，北市府的老人福利預算增加了三十三億。這些錢都用在哪裡？

我們設置的社區關懷據點從二〇一五年的一百八十七處，增加到現在的五百五十二處；居家服務單位從十八家增加到一百二十家；日間照顧中心從十六家成長到三十八家。另外，我們推動家庭責任醫師整合照護計畫，讓醫師到宅去訪視老人。

最重要的是，老人健保補助從十六億增加到三十一億，足足增加了十五億。目前設籍在臺北市的長者，九成都可以領到健保補助。隨著人口老化和健保費用不斷調漲，花在老人健保補助的預算一定還會繼續上升。

與這些老人照護服務相比，每年給長者們發一千五百元真的是最簡單、最省事也最不用負責的做法。但是比起重陽節發錢，我認為讓所有臺北市的長者們都能得到健保的保障，才是更重要的。

況且，發放一千五百元給老人們，他們不一定會把錢花在自己身上，但是健保與長者的健康息息相關。臺灣的老年人經常有一種想法，身體出現病痛時忍耐著不肯說、不願意就醫，等到真的出問題被送進醫院時，往往已經是重症了。這樣的例子我在醫院裡看了太多太多。我相信與其把預算用在重陽敬老金上，不如花在老人家的健保費用上，確保他們的健康獲得照護才是最重要的。

臺北市的老人擁有全臺最好的福利照顧

除了照顧長者們的健康，我們也積極鼓勵長者們能夠多多活動。活動，要活就要動。所以北市府為了鼓勵長者們外出活動，每個月在長者的敬老卡中發放四百八十點。這些點數可以用在計程車、公車、捷運、YouBike、貓纜等大眾交通，讓老人家能夠走出門活動身心，拓展生活範圍。

另外，這些點數還可以用在運動中心。每次長者們前往運動中心，可以補貼五十元。我們希望他們可以多活動、多運動，提升身體健康的同時，也保證心理健康。

還有，肺炎是臺灣第三大死因，所以北市免費為長者們接種肺炎鏈球菌疫苗，已經有十五萬老人受惠。目前臺北市六十五歲到七十歲的人口中，超過百分之六十二接種過免費疫苗。

將近八年來，我們不但沒有減少任何老人的福利預算，還增加了三十三億。我們持續打造臺北的長者照顧基礎建設。我一直相信臺北的改變，日後將影響全臺灣跟著改變。

我曾經在很多場合談起一個故事。有一位臺北市民叫做阿正，他住在大同區。他三十九歲那年中風，父母早逝，他與大哥同住在一棟老舊公寓的二樓。公寓只有樓梯，沒有電梯。他剛中風的時候，大哥還可以抱著他上下樓，帶他去醫院看醫生，但隨著大哥年紀大了，身體漸漸不好也抱不動他了，於是阿正被困在二樓公寓裡，十五年沒下過樓，更別說去看醫生。

北市聯醫發現了阿正的案例，還找我去探望他。我去拜訪阿正，問他有什麼願望？他說他最大的希望就是能夠下樓去對面的活動中心，跟大家一起唱卡拉ＯＫ。最終的解決辦法是，我們找了幾個大男生幫忙，把他扛下樓，用輪椅推著他到里民活動中心去唱歌。阿正激動地流下了眼淚。

這個故事很多人聽了都很感動。但對於現實中的阿正和他的家人來說，事情並沒有結束。他仍然被困在公寓裡，他的大哥仍然扛不動他，無法帶他去醫院，他仍然得不到醫療照護。當媒體的焦點從阿正身上褪去，他又回到了那間老公寓裡，繼續無止盡地遙望。

如果要把這個故事繼續說下去，我們就得思考，到底臺北的社會福利系統要怎麼做，才能讓真正需要的人都得到照顧？

完整的居家照護系統成為全民後盾

於是我們開始推動居家醫療，讓醫師能夠到那些行動不便、情況不佳的病患家中看診。我們提供復健師，到府協助患者復健。還有個案管理師協助照護病患。我們甚至為許許多多像阿正一樣的病患，成立專屬的LINE群組，群組裡面包括他的家人、醫師團隊、個案管理師和社工等成員，當患者有需要的時候，這些專業團隊能夠提供他即時的回應。

一年一千五百元，可以給阿正這樣的醫療嗎？一年一千五百元，能夠讓阿正接受復健嗎？能夠讓他恢復健康嗎？一千五百元，可以提供居家關懷，可以為辛苦照護病患的家屬，提供每週到宅的喘息服務嗎？一年一千五百元，可以給臺北的弱勢族群得到更好的保護嗎？這些人力物力的組成，是一年一千五百元換得來的嗎？

二〇二〇年開始，新冠疫情擴散，臺北市的反應可以說是全臺灣最迅速、最有效的。我們的醫護快速進入社區進行快篩，持續提供居家照護和送餐服務，甚至可以為行動不便的長者們到府施打疫苗，而之所以能夠迅速確實地進行這一切，是因為過去幾年間我們努力建立起一整套完整的居家照護系統。這套系統平時可以給予長者們醫療保護與協助，到了緊急需要的時候，更能擴展起來，成為全體市民的後盾。

花錢很容易，拿預算撒紅包更是簡單，但我一直相信為政者必須為所當為。政治只有三個原則：對的事情做、不對的事情不要做、認真做。我認為社會福利必須偏向弱勢，齊頭式的、不分青紅皂白的社會福利是不對的。重陽敬老金的發放，是政治力量介入社會資源分配最顯著的例子，對年長者的幫助微乎其微，更妨礙社會福利體系的建立。對我而言，既不排富、也無法

> 政治只有三個原則：對的事情做、不對的事情不要做、認真做。

提供足夠生活保障的重陽敬老金，不是社會福利政策，只是民粹政治的產物。不建立適當的排富機制，不僅違反社會正義原則，也排擠了真正需要社福資源的族群。

第五部

轉型與創新

所有改革的前提在於能否妥善處理舊的事物，不論是將它結束或轉型。我的每一步創新，背後都隱含著破斧沉舟的決心，而在實務工作中，我也把「轉型」的概念融入施政，藉由打造新文化來提升行政效能。

我一直認為，唯有改革與創新才能為臺灣爭取到國際的生存空間。創新必須是臺北這座城市的DNA，透過不斷求新求變，我們才能在競爭中脫穎而出。然而，這些年來在市政推動上，我領悟到改革工作最困難的，不是引入新的事物，而是要想辦法讓舊的事物順利退場或轉型。

經常有人質疑，為什麼政府的預算只會不斷膨脹卻從來沒有縮小過？我當市長八年，很清楚箇中原因。每個部門首長總會對我說：「市長，我們明年有新的計畫要做。」但從來沒有人會對我說：「報告市長，我們這個計畫已經執行了兩、三年，效果不是很好，把它取消掉吧。」舊計畫不會消失，新計畫一直增加，就這樣，預算越來越膨脹，遲早有一天把整個政府都拖垮。

這種問題有沒有解？有，就是做「零基預算」。零基預算的意思是，不參考以前的年度預算，從零開始檢討每項計畫是否真的需要。就好比說，一間公司把所有員工全部都辭退、所有業務都停止，一切歸零之後，再把需要的部分一個一個找回來。以臺北市政府來說，我們假設明年的總預算是零元，在零元的基礎上開始討論、計算，看我們到底要做什麼、需要什麼，然後一樣一樣按照輕重緩急拉回來，最後再核算一遍預算。這就像組裝腳踏車，把各種零件逐一拼組起來，最後腳踏車組好了也可以上路了，地上多的零件就表示是不一定需要的。

也就是說，在大刀闊斧引入新制度、推動新計畫之前，我們必須同時針對原有的市府組織、工作內容進行精實管理，評估實際需求與必要性，讓該退場的退場，將有限資源做最有效的配置，以避免資源浪費與行政效益不彰。

身為一個管理者，收拾善後的能力與創新的能力一樣重要，因為所有改革的前提在於能否妥善處理舊的事物，不論是將它結束或轉型。我的每一步創新，背後都隱含著破斧沉舟的決心，而在實務工作中，我也把「轉型」的概念融入施政，藉由打造新文化來提升行政效能。

用轉型正義原則處理積弊

臺北市有很多不合理也不合法的東西，比方說大彎北段違反土地分區使用管制的房子有一千六百七十八戶，商業宅違法做住宅使用。如果只有一戶違規，不用考慮，我們會直接把它拆掉；可是竟然有一千六百多戶違規，這

> 身為一個管理者，收拾善後的能力與創新的能力一樣重要。

麼大的違規量表示這件事情存在著系統上的錯誤，不然不可能會出現這麼多瑕疵漏洞。

後來我們又發現在內湖五期重劃區，也有四百多戶住宅出現同樣的問題。而且內湖地區還有很多「夾層屋」，也就是故意將房子蓋得挑高，譬如樓層高度蓋到五米或六米，本來說要蓋六層，後來二次施工，利用建築夾層，六層樓的房子變成了十二層，增加了樓地板面積。我們統計過，光是在內湖地區，這種夾層屋就超過一百棟。

此外，臺北市居然有很多建築物根本沒有使用執照。就拿北市府來說，清點市府財產的時候，發現市府底下沒有使用執照的建築居然有三百九十棟。我問相關人員：「這種情形有多久了？」他們說：「五十幾年了。」我又問：「負責人呢？叫他出來！」他們告訴我，負責人早就退休了。

無照建築如此，其他措施和設施更不用講，比方說令人無奈的社子島。社子島禁建超過五十年，但是只要去過社子島的人就知道，如果真的禁建了五十年，現在那裡只會有野生動物，可是社子島上明明住了一萬多人。不僅如此，按照法規，禁建後出現的建物都屬於違建，但是社子島上的違建都被市政府課稅超過四十年！理論上對於違建應該是罰款，而不是課稅，市府針對違建課稅，就代表國家認定它是合法的。這不是荒謬嗎？

此外，臺北市沒有徵收但已開闢的公園道路，如果按照市價徵收的話，大概要花一兆元。更麻煩的是，很多私人土地雖然未被徵收，卻被圈到都市計畫中，政府還沒開發，所以不支付徵收的費用，但也不允許地主開發。對地主來說，這簡直是飛來橫禍，明明是私人土地，卻無端被市府規畫成公園或道路用地，地主想要使用該土地都是不行的。

還有美河市、大巨蛋、松菸、雙子星、三創……各種各樣的違法亂象，簡直令人束手無策。

先解決現在，再追究過去

這些延宕多年的積弊是棘手的施政難題，前人的做法往往是能拖則拖，誰也不希望燙手山芋落到自己頭上。但我認為，如果市府不趕快處理，這些問題就像財政債務一樣，會禍留子孫。可是要怎麼處理這些根深柢固、錯綜複雜的問題？

我認為必須依照轉型正義的原則來做。什麼是轉型正義原則？

有一年我去波蘭訪問，特別從華沙驅車前往格但斯克去拜訪前波蘭總統、諾貝爾和平獎得主華勒沙。我問了他一個問題，我說：「波蘭的團結工聯推翻共產黨政府，你上任波蘭總統的時候，底下百分之九十九的人前一天都還是共產黨政府的官員，而且都是傷害過你的人，你怎麼處理轉型正義的問題？」

他給我的答案，我認為所有正面臨或經歷轉型正義的國家政府，都應該作為借鏡。他說轉型正義有三個原則：解決現在的問題、避免以後再發生，最後才是追究過去的責任；而方法則是採取「和平對話」。這就是他們成功的關鍵。

重點是處理的順序要正確。我們應該先解決現在的問題，然後避免同樣的問題日後再度發生，最後才是追究過去的錯誤。如果一開始就先追究過去的責任，保證情況會搞得亂七八糟，因為問題還沒有解決，反而產生了很多作用力和反作用力，更不要談預防未來問題重複發生。

臺灣在追求轉型正義的過程中所犯的最大錯誤，就是先追究過去的責任，結果什麼事情都還沒做，就先鬧得紛紛擾擾。

就拿大巨蛋的案子來說，它明顯是一個爛攤子，奇怪的設計、奇怪的地

> 轉型正義有三個原則：解決現在的問題、避免以後再發生、追究過去的責任。最重要的是順序要對。

點，到底當初是誰決定要做，又是怎麼決定的呢？為什麼不按圖施工？甚至還違法施工這麼多年？而且違約處罰非常簡單，就是罰錢，沒有其他處罰條款，真是問題多多。

大巨蛋的案子讓我想起以前在臺大醫院當醫生的時候，每次碰到嚴重車禍的患者送進急診室，家屬總是追著我問「這個要怎麼救」、「為什麼要截肢」……碰到這些問題，我有時候忍不住心想「撞成這樣，仙來嘛無效」。但是醫生不能光是抱怨或說不可能，就置病人於不顧；同樣的，當市長的我面對大巨蛋的問題，若只是批評過去、追究是誰談這個合約、同意這個條件，無法真正處理好問題。

轉型正義的原則是先解決眼前的問題。如果大巨蛋有辦法拆掉，我們就拆掉它。但是它已經蓋在那裡，而且蓋成現在這個樣子，想拆也拆不掉了。我們不可能放著它在那裡風吹雨淋，等下一任市長或是誰來解決。所以我們首先從基地問題開始處理，盡量確保它不要影響周圍的交通動線。

其實大巨蛋最嚴重的是內部的公安問題，它是五座大樓的組成，但是大樓地下室卻全部連通，沒有防火規畫的區隔。如果地下室內部發生火災，整個大巨蛋園區將變成五座煙囪，不知道會出多麼嚴重的意外。所以我們不斷修改，將地下室規畫出十七個防火區劃，盡可能讓它達到安全標準。公共安全是一切的最底線。

我的處理方法是絕不包庇、完全公開透明，所有都審和環評開會，全部採用線上直播，讓大家都能看清楚，有問題就說出來。政府不放水，也不會刁難，請建商按照程序走完所有流程，無論在安全和合理方面都能達到一定的標準後，重新申請一張新的建照，然後再復工，按照圖樣把大巨蛋完成。

二〇二二年五月，經過兩年的重新議約與協商，北市府也突破過去沒有開發權利金、沒有營運權利金的不平等條約，與遠雄確立了「營收分潤」（包括定額與超額）的計算方式。

有了這些弊案的前車之鑑，我們開始檢討所有ＢＯＴ的ＳＯＰ程序，並加以改進，讓議約的過程透明公開，凡事依規定行政。到了我任期的第三年與第四年開始，北市的ＢＯＴ案數量雖然是全臺第一，可是沒有案子再出問題。

這就是運用轉型正義的原則，先處理現在的問題，確保以後不再發生，再去談過去的責任歸屬。透過這種方式，我們一步一步清理了那些延宕多年、無法解決的難題。

數位轉型：打造新文化與智慧城市

科技進步是時代的必然變化，面對科技的飛速成長，我們要擴大接受，而不是抗拒；選擇抗拒，會被時代淘汰。「智慧城市」是我向來非常強調的施政方向，無論任何政策，優先考慮的都是如何有效E化，用科技與效率來服務市民。

E化制度，數位革新，加速服務效率

臺北市政府於二〇一九年四月上線試辦「臺北市政府市民服務大平臺」，主要概念是：如果可以網路下載填表單，就可以在網路上申請；可以在網路上申請，就可以在網路上審核與認證。這也是我們的E化階段革命分階段，執行也要找試辦單位，由於原民會規模比較小，服務的人數大約一萬多人，所以我們先從原民會設置，經過半年努力將整個原民會E化，從下載到申請、審核、認證都可以在線上作業。

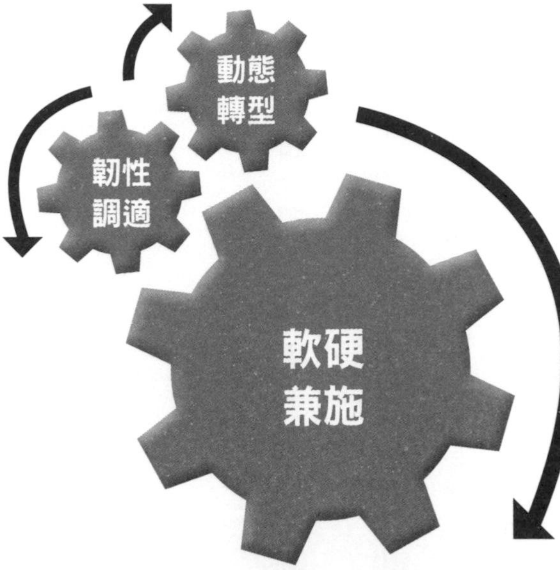

1基礎 ▶ 1. 數位基礎建設

2配套 ▶ 2. 數位人才培育
3. 產業轉型輔導

3發展 ▶ 4. 宅經濟發展
5. 零接觸服務

因應後疫情時代的數位、經濟、產業轉型

我認為智慧城市要從便民開始做起，這麼做的第一個好處是提高行政效率，再者也減少紙張的使用，更加環保。從市民的角度來看，節省跑公家機關的時間也是一種效率提升，可以說是雙贏的局面。

再舉一個例子，警方依巡邏路線定點設置巡邏箱，而過去警員巡邏的時候必須把巡邏箱裡的單子拿出來簽到，證明自己確實依照規定辦理。但如果碰上下大雨，紙張濕了不好簽，沒帶筆也不能簽。現在我們讓警察的工作E化，改用掃QRcode的方式掃描簽到：員警巡邏到定點，利用公務機掃描QRcode，立刻上傳雲端記錄。

我剛提出這項改革的時候，有人懷疑員警會偷懶不巡邏，在家也能掃描QRcode。但其實E化可以做到很先進的地步，公務機本身裝置了GPS，系統登入的時候也會同時偵測定位，如定位和QRcode的位置超過二十公尺，會被列為異常事件，系統馬上就能檢核問題。

這樣的改革除了減輕員警簽寫巡邏單的負擔，也能夠真正杜絕積弊。以前簽寫巡邏單時雖然要寫時間，但是無法確切知道是否據實填寫，如果有人刻意造假也很難發現。可是E化的巡邏系統一上線，配合GPS定位，這些問題就立刻解決了。

E化也運用在1999的系統。以往1999主要是透過電話申訴，但隨著網路科技和智慧型手機普及，真的打電話的人少了，越來越多人使用手機APP，所以我們也因應趨勢與需求，把1999轉型成APP系統。

這種改變除了因應大環境時勢所趨，還有一個更重要的好處，就是實名制。以往1999經常接到濫訴的案件，不但花費大量人力物力查核，還經常造成被投訴者的困擾。後來APP系統採用實名制，立刻少掉十分之一的案量，而且在核實這方面更簡化、更迅速，服務工作也就更有效率。

酷課雲超前部署，確保受教權平等

酷課雲是我們從二〇一五年就開始發展的雲端授課系統，前四年因為需求不高，使用量很低，可是後來新冠疫情突然爆發，學生被迫在家裡透過網路上課，這套線上教學系統立刻派上用場。所以說危機就是轉機，面臨危機而別無選擇時，人們就會願意去接觸新事物。

疫情促使酷課雲有驚人的發展，半年內它的點閱率是過去四年的總和，而且不斷上升。至今北市酷課雲已經拍了一萬一千部影片，內容包括國小、國中和高中職的每個科目和每堂課。

建置酷課雲的基本精神是網路人權，也就是讓每個人都有使用網路、搜尋各種訊息與發布意見的權利。教育是貧窮孩子最後的翻身機會，政府能力有限，沒有辦法讓每件事情都做到完全公平，但是至少有兩樣制度必須講求機會平等：一個是教育，一個則是醫療。醫療的部分，我們有健保制度，但是教育還需要很多努力。

現行的教育制度，國中畢業要讀高中必須透過基測考試，基測有五科，每科有七個分數，最高A++，最低C。臺灣平均考C的學生大約占百分之二十二，臺北市則是十一左右。我曾經要求北市教育局把北市九十幾所國中的基測成績比例排列出來，我看了之後嚇一跳，有好幾個國中的畢業生考C的比例超過四成。我特別到校訪查，想要找出原因，結果發現這些學校的共通點就是弱勢學生超過七成。

什麼是弱勢學生？新住民、原住民、單親、隔代教育、中低收入戶、低收入戶等家庭的孩子，因為環境限制，導致他們成為弱勢。

長久以來，我們一直相信網路帶來的是便利，但是在這些孩子身上，網路也可能造成對他們的不公平。試想，在臺北市，一個小學六年級的孩子如

> “政府能力有限，沒有辦法讓每件事情都做到完全公平，但是至少有兩樣制度必須講求機會平等：一個是教育，一個則是醫療。”

果沒有手機、沒有網路，甚至家裡沒有電腦，現在他要怎麼和同學競爭？這樣的學生多嗎？數字會說話，大約百分之十。也就是說，即使是臺北市，也有將近百分之十的家庭沒有網路，甚至沒有智慧型手機。

現在的世界，沒有辦法使用網路，也會失去受教育的機會。在這樣的環境下成長的孩子，從一開始就喪失了競爭力。所以我從第一屆任期開始就投入十六億，針對臺北市兩百三十六間學校，從國小到高中全部建置校園光纖網路，每個教室都有免費WIFI和三個網路埠。現在大約四千多間教室裡有八十五吋觸控螢幕，還有電腦，老師們人手一臺iPad。接下來我們希望能夠在二〇二二年讓國小三年級以上的孩子全部擁有自己的iPad。我之所以這麼做，就是想要打破貧窮世襲的危機。

酷課雲教育平臺便是基於這個目的而開展的項目。一開始做酷課雲，是先求有，再求好。早期的酷課雲影片很簡單，經常是一鏡到底，就是拍攝老師在講臺上授課的全部內容。隨著基礎課程影片完成，我們開始深化內容，將課程分成易、中、難，有的影片還有漫畫教學、互動式內容，讓網路課程變得更活潑。

這套系統建置完成後，受惠的不僅僅臺北市的學生。目前全臺灣大概有十三個縣市都使用臺北市的酷課雲線上教學系統，甚至海外也有一千零四十五間僑校使用酷課雲系統授課。

有一年我去日本訪問，橫濱中華學院院長向我抱怨，他們想要使用臺灣的教材上課，但非常不方便。我告訴他臺北市有酷課雲系統，只要申請帳號密碼就可以自由使用。後來他們用了覺得效果不錯，僑委會認為既然如此，不如開放給全世界一千多間華語學校使用，於是我們透過僑委會與各國僑校合作，讓更多學生可以上酷課雲。

發展校園E化，推動智慧校園

臺北市政府委託北一女的陳智源校長籌辦網路實驗高中，預計將在二〇二二年的下半年成立。這是全臺灣第一間網路實驗高中，主要透過網路進行教學活動。目前選取北一女與南湖高中做示範學校，校園裡無現金交易、無紙化且全面E化。

有一次我去北一女參觀，發現從進校門口學生的點名、請假，甚至是量體溫與登記健康追蹤表，或者老師與家長之間的聯絡簿、家長繳學雜費等等項目，都已經E化了。

北一女的校園E化過程有一個很有趣也很重要的小插曲。當時我們開發智慧校園程式的團隊，曾和北一女的班聯會溝通，詢問學生們有沒有什麼日常生活中想要E化的系統？結果學生們提出的第一個要求，居然是想要採用E化點餐。因為以前學生中午吃飯的時候要排隊，好不容易排到了，點餐之後還得在旁邊等著廚師把餐點做好，最後才付錢拿走。現在不用這麼麻煩了，學生們可以在第三節下課時拿出手機，直接線上點餐，然後以電子支付，付款成功後，系統會發送一個號碼，到了午休吃飯的時間，直接去熱食部以號碼取餐。

校園E化點餐系統是我們事先沒有想到的，卻與學生生活密切相關，不但可以節省學生等待的時間，也化解人滿為患的排隊人潮。接下來，如果北一女和南湖高中的實驗成功，我們會將這些制度推廣到其他學校。希望能在最短的時間，讓臺北市所有學校都實現智慧校園的計畫。

虛擬線上課程，改變傳統教育風貌

我曾到松山家商看過虛擬線上課程。他們透過網路上體育課，老師在螢幕上指揮大家做運動。可以想像，未來的線上課程將會是一個新的模式：老師們不用在講臺上聲嘶力竭，只要戴著麥克風說話，聲音會傳送到學生的耳機裡；上課時老師不用再寫黑板、吃粉筆灰，而是透過網路平板書寫，將內容投射到螢幕上；當要朗讀課文時，只要點選喇叭，電腦會自動讀出課文；甚至可以做到學生頌讀英文，人工智慧立刻回饋，判斷咬字是否正確……E化真正改變的是整個教育的面貌。以前我們上課時，老師很難針對學生的個別需求進行講解，但現在每個學生都能依照自己的需求，設定個人化的上課模式。

傳統的教育是老師站在講臺上按照進度授課，但E化以後將由學生決定上課進度。如果學生覺得有需要，還可以放慢速度、反覆聽講，甚至暫停授課，直到想通了再繼續。教育變得非常個人化，老師的功用不再只是單純授課，更強調解惑。學生們上完一堂課後有什麼心得、有不懂的地方都可以請教老師。我們不但在學校推動智慧教育，也因為硬體的逐漸完備和酷課雲的建立，改變了未來的學習模式。

經濟轉型：後疫情時代的危機處理與因應

為了因應新冠疫情，我們推動防疫、紓困和振興。但是坦白說，光是發放紓困金就造成很大的問題。疫情在二〇二〇年二月左右爆發，臺灣是五月才報稅，沒有稅務資料，政府很難掌握前一年每個人的收入狀況，更不要說當年的收入狀況，所以到底誰可以領取紓困、應該發放多少錢，很難精準計算，發放過程也非常混亂。

當時臺北市所有區公所員工都放下手頭的工作，投入發放紓困金的業務，但是因為很難溯源查證，所以到最後幾乎只要申請人敢簽字，我們就發錢。雖然疫情緊急，處理紓困業務必須從寬、從簡、從速，但是從發放的過程來看，顯示出政府E化制度的不完善。

二〇二〇年發放的三倍券，光是印刷、封袋和宣傳成本就高達二十二．

五六億，還沒計算公務人員處理所衍生的加班費、郵寄和管理費用、開發系統的費用。二〇二一年又發了五倍券，據說整體行政費用達二十．八五億。兩次紓困券加起來耗費鉅額成本，混亂的過程也一再重演，而且國家的數位基礎建設也沒有因此而改善。

檢討這些事情會發現，臺灣雖然號稱ＩＣＴ大國，但是國家數位基礎建設卻非常差。以香港為例，面對疫情，政府也發紓困金，但是他們怎麼處理？他們發放的金額是五千元港幣，全部採用電子支付，直接按照身分證字號將五千元港幣發送到市民的電子帳戶裡。以香港為鑑，我不由得想，臺灣兩次振興券發放成本花了四十幾億，這些錢足夠我們把臺灣的電子身分證、電子帳戶系統一次建置完成。

我認為臺灣面對疫情所犯的最大戰略錯誤在於：我們花太多力氣在振興，一直想把經濟恢復到疫情發生之前，卻忘記真正應該做的是轉型。所以北市府在很多工作上，盡可能地利用疫情做轉型的工作。

> 臺灣面對疫情所犯的最大戰略錯誤在於：花太多力氣在振興，一直想把經濟恢復到疫情發生之前，卻忘記真正應該做的是轉型。

拓展數位基礎建設是政府的當務之急

因為疫情，某家外送平臺在臺北的業績，二〇二〇年比二〇一九年成長了七倍，二〇二一年又比前一年更高。我們可以思考一個問題，如果疫情結束，它的業績會掉回疫情之前嗎？我覺得不會，即使差一點，但不可能掉回疫情前。也就是說，疫情改變了產業的形態。

疫情帶來的衝擊在現實生活中處處可見。二〇二〇年十月，我們在臺北流行音樂中心舉辦「白晝之夜」，活動內容很豐富，有歌舞、藝術、文藝座談，全部場館徹夜開放。這場活動吸引了約四十萬人參加，迴響熱烈。

二〇二一年籌備「白晝之夜」活動的時候，考量到聚集四十萬人參與可能有防疫上的問題，所以將線上與線下整合，線上製作網站，線下仍然舉行實體活動。我們不鼓勵大家親自參加，可是透過網站，線上參與者也可以看到文學講座和歌舞表演的直播。

最後我們計算人數，總計現場最多不超過五萬人，可是網站上卻有四十萬人參與。最重要的是，從ＩＰ位置判斷，參加者不在臺灣的有百分之十一，也就是說，海外有四萬人參加了這場活動。網路活動跨越了時間和空間的限制。

從此以後，我們就規定北市的大型活動都要盡量做線上與線下虛實整合的呈現。透過這些數據，我們可以理解疫情之後，這個世界不可能再和過去一樣了。在二〇二〇年疫情發生後不久，我找了九個局處，各自舉辦產官學座談，大家一起思考與討論，在後疫情時代，到底臺灣的經濟模式會變成什麼樣子？經過半年左右的討論與彙整，二〇二一年一月，我們出版了《新常態新臺北》，後疫情時代臺北產業政策白皮書，主要針對疫情後的臺北，從基礎建設、配套措施、如何發展等等方面去列出我們要努力的項目。比方說數位基礎建設要怎麼加強、數位人才要怎麼培育、產業該如何轉型、市府該怎麼輔導產業轉型，尤其是中小企業E化的轉型、發展宅經濟與零接觸商業、無現金交易該如何導入。總歸一句話：臺灣需要做數位轉型，而政府必須做數位基礎建設。

透過三倍券綁定敬老卡，開展北市無現金交易

其實早在二〇二〇年中央發放三倍券的時候，市府內部曾經討論過，這

樣的舉債預算，能夠創造出多少GDP？我們認為不會超過百分之〇．一，後來得到確定的答案是百分之〇．〇八。那時我們就在想，如果三倍券的發放對整體經濟的振興效能有限，那麼作為地方政府，北市府除了聽從中央的政策，還能做什麼？所以我們率先提出一個與電子帳戶類似的支付方式，希望能夠鼓勵長者們做數位轉型。

北市的長者們都有一張敬老卡，每個月會收到四百八十元的點值，可以用在搭公車、捷運、騎YouBike等交通工具和運動中心。因為很實用，所以長者們幾乎人手一張，總計大約發放四十六萬張。當時三倍券的政策是：民眾花一千元，就能得到三千塊的實體券。我們調整了一下制度，如果北市的長者們透過敬老卡綁定三倍券，我們再多加碼回存一千元。

或許會有人提出不同意見，覺得既然早就知道振興經濟無效，為什麼還要花錢加碼？因為在所有年齡層中，年長族群是最堅定的現金愛用者，他們排斥所有非現金的交易。如果我們能夠透過這個機會，促使他們轉型，讓他們接受原本不可能接受和習慣的事情，只要有所成效就值得了。

後來統計發現，全臺灣大概有百分之九十二的民眾換領實體三倍券，只有近百分之八採用電子支付或是信用卡、悠遊卡綁定。也就是說，三倍券實際領券人數兩千三百三十二萬八千七百七十六人，只有一百八十一萬一千九百三十七人採用數位支付。這表示臺灣的無現金交易有待加強推廣。

與此同時，臺北市的長者們卻有四成的比例採用敬老卡綁定三倍券。所以我曾經開玩笑說：臺北市的長輩們都成了無現金交易的先鋒！這件事具有兩層意義：

第一，我們改變了百分之四十的長者們的習慣，他們即使不能立刻成為無現金支付的主力族群，至少已經不排斥無現金交易。

第二，為了要替長者們將三倍券綁定敬老卡，我們動員北市所有區公所和里幹事，去宣導和協助長輩做綁定的動作。除了推廣，也讓基層公務員理解無現金支付這件事情，是市府現階段和未來主要推動的項目與目標。

學生悠遊卡與親子帳戶，讓年輕族群接受無現金交易

除了高齡族群，我們也針對高中生推動數位轉型，方法類似，如果學生們願意用悠遊付綁定三倍券，北市府同樣加碼一千元。結果出乎意料，高中生只有百分之二十五採用數位領取三倍券。

我覺得很奇怪，理論上來說，高中生比較年輕，應該更能夠接受新事物，但是他們的接受度居然只有四分之一。這種現象一定要加以改變，所以我們開始針對學生推動無現金交易。

由於臺北市的學生證都與悠遊卡結合，所以在推動無現金交易方面，我們計畫透過悠遊卡和學生證進行。以後校園的合作社都改成無現金交易，父母透過手機將零用錢轉入孩子的學生證悠遊卡，學生拿著他的學生證悠遊卡可以在校園合作社買東西。比方說家長從手機撥付五十元給孩子，孩子的學生證悠遊卡裡就有五十元的額度，可以在學校裡購買食品或文具用品，而家長也可以查詢孩子在學校的消費情況。

與學生無現金交易相關的是親子帳戶。現在臺北市使用親子帳戶的家長大概有十萬人，尤其是北市金華國小的親子帳戶普及率已經達到百分之九十七。使用親子帳戶的好處是家長可以用電子支付的方式繳學費、班費，而不是直接讓孩子帶著現金到學校繳費。

後來我們比較各級學生家長使用電子支付繳學費的比例，小學家長比國中家長多、國中家長比高中家長多。從這個數據可以推斷，年輕的父母更容易接受新的事物。二〇二〇年，臺北市大約有百分之六十三的家長使用電子支付為孩子繳交學費。

以愛沙尼亞為師，由公而私推廣數位轉型

二〇二〇年一月我參訪愛沙尼亞，一個全世界E化最徹底的國家。在愛沙尼亞，只有結婚、離婚和購屋三件事情不可以使用手機作業，必須要親臨現場辦理，其他的事情通通可以用手機完成，就連選舉投票也可以透過手機，即使人不在國內、不在戶籍所在地，也能透過網路投票。

我參觀愛沙尼亞E政府簡報中心（E-Estonia Briefing Center）時，介紹者告訴我，建立一個完全E化的社會，最重要的是識別（Identification）。什麼是識別？就是在ICT系統裡面證明「我是誰」。

在識別方式上，愛沙尼亞使用的方式與我們很相似，也採用一卡、一通、一付。在臺北，一卡是指悠遊卡，一通是指臺北通，一付是指悠遊付。所以說臺北通可以作為身分認證使用。如果將臺北通綁定在一張悠遊卡上，一卡和一通就通用，如果再綁定電子帳戶，那麼就全面串連了。

以前類似的認證卡很多、很複雜，但如果有一天我們能把身分證、駕

照、自然人憑證，甚至臺北市發的圖書館借書證或勞工們使用的勞工卡全部整併起來，將各種資料放上雲端，只要使用手機與系統連結，證明自己的身分，就能全部串連在一起，整合各種身分證明。但是要做到這一點，必須建立一個很好的識別系統。我認為政府數位化基礎建設的重點，就是要把這套識別系統建立起來。

於是我與北市府行政團隊進行討論，制定了做法：由內而外，由公而私，從公家內部往外部私人企業開展。當我們想要將一個新技術或是一套新的運作模式引入社會，最困難的是說服前面百分之十五的人接受。一旦有百分之十五的人能夠接受這套技術或模式，之後推展的速度就會加快。當然，有前段班，也會有後段班。最後百分之十五的人是永遠不為所動的，這也是為什麼現在臺灣大多數人都已經使用智慧型手機了，但還有大約一成五的人仍在使用傳統手機。

無論如何，當我們想要改變一件事情時，最困難的不是改變「屹立不搖」的那群人，而是找到願意接納新技術、改變思考模式的人。這也是為什麼我們願意加碼三倍券，鼓勵老年人接受無現金交易，也鼓勵學生與家長使用親子帳戶、無現金交易。年長者、年輕的學生和家長與公務人員，是我們

> 當我們想要改變一件事情時，最困難的不是改變「屹立不搖」的那群人，而是找到願意接納新技術、改變思考模式的人。

推動數位轉型的重要基礎。

臺北市的長者眾多，占總人口的百分之二十；北市的學生，國小、國中、高中加起來有二十二萬人，如果再把幼稚園的孩子也算入，大約二十八萬人，再加上八萬名公務人員……引導這些人開始接觸、使用數位交易，並且不排拒，我們就很容易湊齊前面百分之十五的人。擁有足夠多的使用者，就能快速推廣制度。

我們也盡可能把核心的族群向外推廣延伸。例如北市現在有兩萬戶社會住宅，我們通過社宅的服務與制度，讓住戶能夠自然而然接受數位轉型。以明倫社宅為例，我們設計一套「社宅雲」APP，功能多元，除了通知住戶相關的社區公告，還可以領信、收取包裹、繳交房租和管理費等等，這就是一套無現金交易系統。

數位通行證的設置，有效提升疫情防控

以臺北通APP為例，下載超過兩百四十萬次，而它的建置設計很容易能改成數位通行證使用。比如說利用臺北通APP銜接健保資料庫，如

果使用者打完三劑疫苗，顯示綠色；如果只打了一劑或兩劑疫苗，就呈現黃色；完全沒有打過疫苗的人則顯示紅色。

這樣做的好處是，當疫情較為嚴峻，而政府或商家需要控管室內用餐人數或公眾場合的出入時，只要顧客出示臺北通，店家與管控單位就可以憑藉顏色分辨狀況，例如顯示綠色的人可以進入餐廳吃飯，顯示黃色的人因為沒有打滿疫苗，最好使用隔板或禁止內用。其他單位也可以比照辦理，比方說負責老人共餐的社會福利單位，可以藉此確認長者們的疫苗施打情況，大幅節省許多時間和力氣。

除此之外，現在市政府給北市每個里長都發了一臺iPad，以後衛生單位替民眾施打疫苗的時候，無論是流感疫苗或是新冠疫苗，民眾不用特地跑到衛生機構或醫療單位去打針，只要拿著臺北通或是經過認證的記名悠遊卡，或是長輩使用的記名敬老悠遊卡，直接到里長辦公室或里民活動中心，透過iPad的APP系統刷卡確認身分後就能直接施打。這套E化系統不但能快速簡化施打疫苗的紙本作業，也讓與民眾日常生活緊密相關的里長們能夠E化作業，更有效地為民服務。

透過大數據推斷，精準控制疫情

疫情爆發以來，要不是利用大數據精準掌握疫情變化，可能很難控制疫情升溫的狀況。

一般來說，每次疫情升溫，我們都可以透過Google Map顯示，將每天確診的案例呈現在地圖上。透過地圖與數據的顯示，我們可以判斷染疫者主要出現在哪個地區，然後在熱點附近設立社區篩檢站，加強篩檢與管控。

同時我們也透過電信公司提供的電信足跡，調查確診者發病前三天或四天的行動路線。透過確診者的軌跡分析，我們可以知道傳播熱點大概在什麼地方，甚至能研判為什麼這處地方會成為熱點、這些確診者到底是怎麼被感染的、他們的感染源頭來自何處……這些數據和分析，讓我們對於疫情的判斷更加精準，也比較容易做出防疫相關的決定。

在疫情發展的過程中，我們除了大量使用大數據進行疫調，有效地控制疫情擴散，也參考國際上的數據資料，分析每個國家的疫情變化。為什麼要看其他國家的疫情發展變化數據？因為我們可以根據其他國家的狀況來分析原因，並試著找出適合臺灣施行的措施。

比方說，我們發現日本的疫情經常是確診人數快速上升，政府就採取限縮策略，但是因為限縮導致經濟惡化，民眾受不了之後，政府又趕緊開放，結果感染人數再度攀升，又不得不採取限縮政策。日本前前後後多次發布緊急事態宣言，就是重複開放和管制所導致。

以日本為借鏡，在臺灣我們實行微解封。雖然三級管制讓許多產業和民眾叫苦連天，但到了要開放的時候，我們不是立刻全面開放，而是逐步放寬管制過度到二級管制。因為我們從日本的防疫措施中學到，每一個階段都需要時間去觀察和適應，如果突然全部開放，那麼疫情可能會快速失控，反而無法達到穩定的效果。

臺灣的防疫政策不是獨創，而是我們蒐集了全世界的資料，經過數據分析後得到的啟示。所以雖然是疫情期間，但是臺北市大數據中心在二〇二二年一月正式上線。

產業轉型：因應後疫情時代的社會趨勢

從經濟發展的角度來看，二〇二〇年臺灣的ＧＤＰ在疫情影響下還是上揚的。當時外銷訂單成長、房地產大漲，因為房地稅是屬於地方稅，所以我很清楚數字，而股市也漲到了一萬兩千點。從外在看整體經濟發展，似乎情況很美好，但是這些美好數字的背後，真實情況是整個社會的貧富差距越來越大。臺灣內需型產業的人口大約三百萬人左右，ＧＤＰ上漲的時候，這些人的薪資不但沒有成長，甚至有些人還往下掉。

二〇二〇年，疫情來臨，情況逐漸惡化。想要知道臺北市的經濟情況，看什麼最準確？答案是看捷運的人流量。因為人流代表金流。過去我們光看每個捷運站出入人數的變化，就可以約略估計臺北市各地的經濟狀況。在二〇一九年，北市每日捷運運輸人流大約是兩百一十六萬人。但是二〇二〇年直接掉到一百九十萬人，這種狀況一直延續到二〇二一年，因為疫情嚴峻持續下滑至約一百四十五．五萬人。也就是說，整體經濟情況始終沒有完全恢復。這對於社會底層的民眾殺傷力之大，可想而知。在這種情況下，紓困是必要的措施。

根據統計，二〇二一年六月申請急難救助的大約有四萬件，如果拿六月和一月到五月來比較，增加了一百六十五倍。光是二〇二一年六月，北市的緊急救助金就花了一．六億。

當時根據現實情況，北市府減少了北市公共場所的公有租金，降幅高達百分之七十五，後來再慢慢調升，比方說後面幾個月經濟逐漸復甦，我們逐漸調升到百分之五十。我們透過種種急難救助或降低租金的策略，希望有效做到紓困與振興。

但紓困與振興畢竟是短期的手段，長遠來看，我們需要產業轉型。因為後疫情時代，整個世界都改變了，電商、物流、無現金交易、遠距醫療、遠距會議⋯⋯這些都已經不是未來的趨勢，而是近在眼前的現實，是我們要全力發展的項目。

政府保障金流與商品信用，推動跨境電商發展

疫情期間，我們鼓勵公司行號、商店盡可能使用網路作業，於是就出現

> 紓困與振興是短期的手段，長遠來看，我們需要產業轉型。因為後疫情時代，整個世界都改變了。

了一個新的人力缺口：數位商業從業人員。這一類專門的從業人員是以往少見的，需要積極培養。

另外，我們也發現必須加強「信用」的認證。傳統的商業模式，人們總是面對面談生意，可是當疫情爆發，直接溝通變得很困難，外國人想要與臺灣人談生意，大多透過網路視訊。在此情況下，信用變得非常重要，這種信用不只是商品的信用，還有金流的信用。可以說，沒有信用，就沒有商業發展的可能性。

為了解決這方面的問題，北市府於二〇二〇年設置了一座國際性的網路視訊交易中心。也就是說，由臺北市政府來保障商業金流的安全性和貨品的可靠性，我們希望能夠透過這種方式，促使網路交易順利發展。這也是臺灣公立跨境電商平臺的開始。

物流無所不在，促使傳統產業進入電商模式

疫情開始後，我們很清楚物流將會成為商業消費的關鍵，想要輔導傳統產業進入電商，必須先從物流開始。

北市府陸續在每一個傳統市場裡都引入物流外送平臺，初期由市府補貼商家物流費用，一個月五千元，最高持續六個月。所以現在很多外送平臺中都有傳統市場的選項，消費者可以透過外送平臺的APP選定市場，尋找不同攤位的商品，豬肉攤、魚肉攤、青菜蔬果，甚至是傳統市場中常見的熟食區都列在其中。當消費者下單後，市場內有專人負責按照訂單去不同攤位把商品逐一取回，整併在一個箱子裡交給物流配送。

物流的參與有效提高傳統市場的業績，但隨之而來的問題是物流成本。有一家電商平臺的老闆曾告訴我，他們估計過北市每一趟外送成本，平均大約是四十元。如果物流成本最少必須四十元，那麼每一次線上交易的獲利一定要遠高於四十元，因此每筆交易的金額要大幅提高，才能符合物流的成本效益。

所以我們很早就知道，物流與外送平臺的加入將改變傳統的商業行為，它會變得更機動、更不受時間限制，但是每一筆交易金額都勢必會提高。這也是兩年多來我們推動電商物流時最深切的感受，如果經濟規模不大，電商物流系統是跑不起來的，因為它有固定的成本。這也是為什麼我提出傳統市場必須減攤的原因。

協助傳統市場減攤，提升攤商營業額

改建環南市場、第一果菜市場和魚市場的期間，我正好前去芬蘭參訪，順道參觀了北歐的市場。參觀過程中，我發現國外傳統市場的每一個攤位都比臺灣的傳統市場攤位來得大，我不禁思考原因何在。臺灣傳統市場的攤位大多偏狹窄，攤位太小，交易額就不會太大，對攤商來說，工作僅供糊口，但是無法形成資本累積。

在這種情況下，只有減攤才能擴大攤位面積，達到經濟規模。當市場的攤位變大，傳統市場就從過去的勞力密集轉向資本密集，而資本密集才有可能做技術密集。也就是說，當攤位很小的時候，老闆每天辛勤勞動可能只有賺取微薄的收益，唯有擴大攤位面積，才有機會提升營業額，累積足夠的資本去升級。

但是驟然減攤必然引發攤商們的不滿，很多攤商都靠著市場的生意養家活口，被減去攤位的攤商可能無路可走。所以目前北市府宣導減攤的做法是採人性化的政策，公有市場的攤商們如果年紀大了，無力繼續經營，又沒有人願意接手，我們願意支付七十萬元，把他的攤位買回來。買回攤位以後再轉租給營業額較高的攤商，以擴大攤位面積。

以傳統銷售為基礎發展電商

臺灣生產的花卉，大約百分之九十七是先從產地進入花卉批發市場，再批發銷售給零售商。可是日本關西生產的花卉，七成不直接進入花卉市場，而是結合金流與物流，由消費者下訂花卉產品，花卉則透過物流直接從產地運送到各地花店。關西花卉市場表面看來是個批發市場，實際上是一個網路平臺。

再看看臺北市的農產批發市場，每天從中南部運來各種蔬菜水果，在那裡經過處理後再分送到各地的消費場所，中間不但經過層層轉手，還製造了將近四十萬噸的有機垃圾。如果未來電商物流發展成熟，這些蔬菜在原產地就分裝好，透過電商直接送到消費者手中。

但是要把電商引入傳統銷售中，有幾件事情必須先處理好：

一、商品標準化：除了農產品的品質，就連包裝的箱子都必須大小固定，達到標準化，配合運送的車輛。

二、輸送棧板化：當輸送量大的時候，不可能使用人力逐一搬運紙箱，而是要用棧板和堆高機，提升效率。

三、標準國際化：不管棧板的尺寸還是箱子的尺寸，最好與國際一致，這是為了未來跨境電商銷售海外做準備。

四、提升冷鏈技術：在運輸生鮮食品等產品時，亟需冷鏈技術的配合。而肉類通常在中南部屠宰處理，再冷藏送往北部，因此電商物流也必須提升冷鏈設備。

關於冷鏈技術，北市府補助臺北花卉批發市場改進冷鏈技術。為什麼先從花卉市場開始做起？因為花卉的單價較高，冷鏈的成本相對占比較低。同理，其他批發市場也會從高單價的商品開始改進冷鏈技術，例如花卉比水果先做、水果比蔬菜先做。冷鏈技術的提升也有助於改善市場供貨效率，比方說冷鏈運輸車雖然一臺要七百萬，成本較高，但它可以有效提升花卉的保存期限，配合花卉市場的供貨需求進行調節。

文化轉型：老舊市場改建換新裝

每次談到市場改建，我都百感交集。如果只有三十秒的時間要判斷一個單位的好壞，要看哪裡？我認為是廁所。如果只有三十分鐘去認識一座城市，判斷它的好壞，要看哪裡呢？我覺得是市場，而且是傳統市場。

為什麼市場這麼重要？因為傳統市場展現的不僅僅是城市居民的日常生活，更顯現出這座城市的文化水平、經濟水準，甚至是城市美學和人民的道德水準。傳統市場是城市的縮影，也是城市的心臟。

文明，從改變市場開始做起

很多人去日本玩都喜歡逛日本的市場，日本的傳統市場動輒有百年以上的歷史，但是環境維持得乾淨、整潔、明亮，處處可見他們對於品質的要求。反觀臺北市的傳統市場：環南市場屋齡四十幾年，建築老化、設備故障率高、環境髒亂，還有嚴重鼠患，市場內的攤商共一千三百二十三家，討論改建議題已經有十八年；第一果菜及萬大魚類批發市場屋齡四十四年，同樣建築老舊、水泥剝落，連傘柱都塌了，討論改建超過二十六年；大龍市場屋齡三十二年，攤商八十二家，還有國宅住戶九十七戶，是海砂屋的危樓；南門市場也是海砂屋，屋齡三十九年，攤商有兩百五十七家；成功市場屋齡三十四年，攤商一百九十六家，市場空間嚴重不足，許多攤商在公共道路用地上搭違建，導致交通動線混亂，嚴重影響周邊社區，討論改建的時間也是三十四年——又舊又髒亂、擁擠、動線不良、照明不足，幾乎成了這些傳統市場的共同問題。

環南市場改建之前，我曾經在一個星期六的下午前往當地視察，那時候我眼前所見的景象可用「上面飛蟑螂，地下跑老鼠」來形容。這種環境連一般民眾都不想踏進來，更不用談吸引觀光客。試想，踏足這些市場的遊客們，對臺北市會留下什麼印象？在這些市場裡採買的民眾們，對於自己生活的環境又是什麼感覺？

臺灣要成為一個文明的國家，臺北要成為一個文明的城市，一定要從改變市場和夜市做起。因為市場和夜市不僅是民眾生活的一部分，更是一個城市文明的縮影。我們有美食、有熱情的攤商和吸引人的市場文化，但是我們無法以老舊殘破的市場為傲。

再者，這些傳統市場所在的建築屋齡大多超過三、四十年以上，除了安全疑慮，還有空間不足、停車位不足、設備老舊等等內部問題。從大環境來看，銷售通路的多元化、民眾消費習慣的改變和冷鏈技術的出現，讓農、漁產品的運輸和銷售都有了結構性的變化，傳統市場如果不能從內到外進行改革，將被時代永遠淘汰。這也是為什麼我堅持要改建市場的原因。

其實在我任內推動的市場改建案，都不是在我任內提出的。那些改建計畫早就提出，卻拖延了二十年，甚至三十年以上的時間。我還記得環南市場改建動工的那一天，市場處主秘激動得哭了。他說他進入臺北市政府當科員時承辦的第一份公文，就是環南市場改建案。十八年過去，他以為永遠不可能看到這個案子落實，沒想到能在退休前親眼看見市場改建動工。

為什麼這些案子拖了那麼久？說穿了就是麻煩。首先，市場攤商太多，有很多利益糾葛，光是要說服大家都接受改變就很困難，需要花很多時間向上千個攤商說明，中間充滿了衝突與矛盾，光是溝通協調會議就可能要開上數百場。臺灣的政治有很嚴重的剪綵文化，大家只想要風風光光的儀式，不想要處理麻煩事。一個改革建設如果要花很長時間，很容易被放棄。我做老舊市場改建，是抱持著「市政建設是一棒接著一棒」的心態在執行的。就像那些在我任期內推動建設的社會住宅一樣，開工在我，完工剪綵時，接受掌聲的已經不是我了。市政該怎麼做才對，我就應該這麼做，不會去想我是否能剪綵。

改建市場不只是處理市場本身的問題，還要一併考慮到市場周圍的城市環境。例如第一果菜市場、魚市場，或是環南市場，都與萬華地區息息相關。尤其是捷運萬大線也在進行，我們在改建市場的同時，必須同步考慮到交通動線和整個區域的都市規畫，才能讓市場真正成為城市的一部分，與城市、環境融為一體。這表示我們要處理的問題更大了。

而且市場改建的過程中，原有的攤商仍然要做生意，市民也需要繼續採買，所以我們必須要先為他們搭建中繼市場。這些中繼市場也不是隨便找一座空地就搭，讓攤商和市民先將就著用。中繼市場的地點、攤位容量、交通配套，在搭設之前就要經過仔細規畫，同時要協助攤商搬遷，避免攤商們因搬遷而遭受損失。所以市場改建最困難的不在於工程，而是這些繁雜的安排與溝通。

我常說，改建市場真的要憑一股傻勁和瘋勁，如果不傻、不瘋，沒有相當的堅持和理想，正常人看到這麼麻煩的事情，打退堂鼓是必然的。

軟硬體同步提升，推動無現金交易

在攤商、自治會與公務員的努力與堅持下，二〇一六年底我們開始改建環南市場，二〇二〇年三月完成第一期工程，恢復部分營運，預計二〇二三年完成改建計畫與市場周邊地區的環境改造。

大龍市場與成功市場的改建，前者於二〇一九年十二月結合文青美學與傳統廟宇意象重新開幕；後者預計在二〇二四年正式換上新裝開始營運。

規模最大的第一果菜市場和魚市場改建，目前工程持續進行中，預計在二〇二八年完工，屆時將會是一座結合果菜魚貨批發以及用餐和景觀的環保綠建築。

南門市場在二〇二〇年拆除與改建，二〇一九年攤商先遷入中繼市場，未來市場配合捷運萬大線的完工，會吸引更多人潮。

北投市場在二〇二一年開始動工整修，我們把四百家攤商先遷往鄰近的球場中繼安置，預計二〇二三年重新開幕。東門市場的改建也在溝通規畫和都審階段。

整頓老舊市場除了改變硬體，在營運與軟體上，我們也做了很多新的設計。比方說，所有改建的市場都要做到乾濕分離、垃圾分類、垃圾減量和垃圾不落地；攤商與美食街的廚餘都要有全面的處理方法，所有食品也要符合安全規範，食安與環衛都要兼顧。另外，美食街禁止使用一次性餐具，最重要的是，要導入無現金電子支付的交易方式，方便民眾採購。

現在臺北市的公有市場大概有九成都接受無現金交易。但是無現金交易的另外一個問題是支付方式很多元，悠遊卡、一卡通、icash、happycash、LINE Pay……當然，消費者可以選擇適合自己的支付方式，但我們思考如何將這些支付方式全部集中或簡化。現階段的做法是在每個接受無現金交易、電子支付的攤位上設置QRcode，方便消費者辨識與付款。

除了市場，夜市也是改造的一環。二〇二〇年我們針對公館夜市、士林夜市、南機場夜市、華西街夜市、廣州街夜市、梧州街夜市、艋舺夜市、民生西路四十五巷一帶攤商和慈聖宮美食街等等地區的攤商做了一系列的精進計畫。什麼是攤商精進計畫？主要就是把原本凌亂、各自為政的攤商納入集中管理，除了規定他們在規畫好的營業區擺攤，把道路還給用路人，確保交通動線安全，我們還協助攤販裝上排煙和油脂截留設備，避免造成空氣和環境汙染，同時增設消防設備與安排救災動線。此外，我們建立食材登錄平臺，讓消費者透過掃描QRcode查詢食材來源，確保食安；推動改用不鏽鋼餐具，增設洗碗機，讓夜市更乾淨、更衛生；增設電子支付，便利消費者，目前臺北市各夜市攤商的無現金交易普及率也已達到六成。

要改變既有的傳統不是一件容易的事情，但是老舊市場改建是一定要做也必須要做好的事，而且得持續做下去。傳統市場轉型，不是讓原有的市場變不見，而是讓它變得更好。

日本的築地市場世界聞名，它雖然是一座批發市場，卻變成全世界觀光客造訪東京時必去的景點。我希望未來有一天，當外國觀光客來到臺灣的時候，會把「走，去逛市場」當成是旅行中重要的一站，更希望這些市場以後會成為臺北市民的驕傲。

鄰里轉型：最小工程，最有感的改變

比起興建社會住宅、改建老舊市場或是推動E化和各種轉型策略，「鄰里交通環境改善計畫」可說是一個微不足道的小工程，但正是因為這項小工程，凸顯出臺北是一個文明的城市。

以往走在臺北市街頭，會發現大多數道路，尤其是巷弄之間，由於路面寬度不足，加上兩旁主要是住家，不僅沒有騎樓，更不用說人行道。即使有騎樓，經常也被機車占用，有時候行人被逼得無路可走，只好與車輛爭道，造成意外事故頻傳。

所謂的鄰里交通環境改善計畫，是以「里」為單位，由市府規畫將里內的交通設施整合改善，包括人行空間、停車空間、畫設標線與無障礙空間等等，逐步進行翻新。其實這個計畫原本的用意是要減少重複施工，因為在巷弄間畫上黃線或紅線後，常會有居民找議員關切於是又得塗掉的情況，塗了又廢、廢了又塗實在很沒效益。後來有里長向我反應，鄰里交通建設不應該是用一條路或一條巷子的角度思考，而是要整個區域做規畫。

> 「鄰里交通環境改善計畫」是一個微不足道的小工程，卻凸顯出臺北是一個文明的城市。

建立安全行人通行空間
維持有效消防空間
整頓合理停車
改善社區無障礙環境

鄰里交通環境改善計畫1.0

年度	104年	105年	106年	107年	108年	109年	總計
執行里數	10	18	160	111	129	28	456
績優里數	3	14	139	91	110	22	379
績優率	30.0%	77.8%	86.9%	82.0%	85.3%	78.6%	83.1%

鄰里交通環境改善精進計畫2.0

年度	109年	110年	總計
執行里數	35	103	138
績優里數	30	101	131
績優率	85.7%	98.1%	94.9%

營造優質環境：鄰里交通改善計畫

規畫不難，難的是溝通協調。計畫推展之初，我們不敢讓臺北市所有的里一起進行，而是先找有意願的里長加入，改造一個里做示範，再由點而面慢慢向外推廣，最終將臺北市四百五十六個里全部完成。所以一開始是採取由里長自願報名的方式，因為整合要成功，里長必須願意出面協調，先與里民討論出結果，然後再由市府進行跨局處的合作分工，包括交工處、新工處、警察局、民政局。

這不是一項容易的任務，因為它會改變鄰里居民的生活習慣，畫上綠色的標線型人行道讓人不敢隨意停車，商家也擔心生意受影響。但經過施行，在里民問卷調查中，這項施政的整體滿意度達百分之八十三，甚至有里民要求在自己社區的巷弄畫設綠色人行道。

綠色人行道保障行人安全，有效降低交通事故傷亡人數，更重要的是，保留了足夠的空間作為消防使用。過去每當有緊急情況發生時，消防車經常被困在停滿車輛的巷弄外，現在有了人行道的設置，便可確保消防車能夠駛入巷弄中救援。

再者，重新檢討街道與巷弄的空間使用，會發現有很多地方可以加以改善。比方說以往十字路口周圍十公尺內必須畫紅線，禁止停車，但經過檢討計算，實際上只需五公尺的空間就足夠，剩下的五公尺空間可以規畫出四十個機車停車位，有效提升空間使用效率。有了這些車位，原本違停紅線或占據騎樓堵塞動線的機車都能有合法的停車位，騎樓空間因此得以淨空。

政治人物經常講求「亮點政治」，天花亂墜宣傳各種大計畫，憧憬未來，但其實人民真正關心的未必是那些大計畫，反而是生活中看似不起眼的小事，比方說水溝通不通、道路是否平整，而鄰里交通環境改善計畫就是很典型的把「人民的小事」當成「政府的大事」來做的工作。透過社區營造，我們一個里一個里處理，改善了民眾生活的環境，讓臺北交通越來越好。

經過幾年的努力，二〇二〇年，臺北市四百五十六個里都完成了鄰里交通環境改善計畫一．〇。它的成果是顯著的，有效降低了北市車禍的傷亡率。以此數據相較，臺北市的車禍傷亡率是六都之間最低的，大概是其他城市的三分之一到四分之一。

在完成鄰里交通環境改善計畫一．〇之後，我們又推出二．〇的精進版本。這次的內容除了檢討道路使用狀況、針對人行道做補強修繕的維護，我們也檢查水溝蓋鋪面，整頓抬頭可見的各種混亂纜線，希望讓民眾生活的社區環境更完善。讓臺北市居民的環境品質有新的改變、好的改變。

> 人民真正關心的未必是那些大計畫，反而是生活中看似不起眼的小事。

結語

「政治是管理眾人之事」，但管理眾人之事的決策領導者必須具備宏觀思維，以長遠的眼光擘畫政策。讓政治回歸一門專業與科學。

「政治是服務眾人之事」，以追求人民最大利益為目標，提升行政效能，落實績效管理，才能善盡政府為民服務的職責。

擔任臺北市長八年來，我透過管理與服務，希望建立一個令人信任的政治文化，留給下一代一個更好的臺北。

什麼是更好？怎麼做才能更好？

「宜居永續」是我們明確的目標，也是我們想要建立的城市願景。我的想法很簡單，就是讓每一個在臺北生活、工作的人都能快樂、幸福、平安地過日子。這不是一個短期的目標，而是永續的工程，需要非常多人、一點一點的努力、累積才能達成。

我常說，一個人走得快，一群人走得遠。這八年的執政過程，感謝市府團隊的付出、市民朋友的配合，以及外界不斷的砥礪指教，讓我們一步一腳印地往目標邁進，或許短期內無法看到巨大的成果，但只要是對的事，就要認真去做。時間久了，一定可以看到成果。

「正直誠信」則是這個過程中我們堅守的核心價值，因為它減少了溝通的成本。打造正直誠信的行政環境、建立正直誠信的團隊、讓正直誠信成為政府的企業形象，是我努力推動的新政治文化。如果說這八年來我最希望為北市府團隊留下什麼，就是正直誠信的價值。

改變臺灣從首都開始，我希望能將臺北的成功經驗，因地制宜，推動到全國各個角落，每個地方都持續進步，終將累積成為大進步，讓臺灣人民過上更好的生活。這也是我從政的初衷。

心存善念，盡力而為，讓我們繼續努力。

國家圖書館出版品預行編目資料

柯P管理學：價值，領導，創新／柯文哲 著. --
初版. -- 臺北市：商周出版：家庭傳媒城邦分公司發行，
2022.08　面：　公分.
ISBN 978-626-318-343-8（軟精裝）
1. CST: 地方政治　2.CST: 公共行政　3.CST: 行政管理
575　111009196

柯P管理學：價值，領導，創新

作　　者／柯文哲
責任編輯／陳玳妮
版　　權／林易萱

行銷業務／周丹蘋、賴正祐
總 編 輯／楊如玉
總 經 理／彭之琬
事業群總經理／黃淑貞
發 行 人／何飛鵬
法律顧問／元禾法律事務所　王子文律師
出　　版／商周出版
城邦文化事業股份有限公司
臺北市中山區民生東路二段 141 號 9 樓
電話：(02) 25007008　傳真：(02) 25007759
Blog：http://bwp25007008.pixnet.net/blog
E-mail：bwp.service@cite.com.tw
發　　行／英屬蓋曼群島商家庭傳媒股份有限公司城邦分公司
臺北市中山區民生東路二段 141 號 2 樓
書虫客服服務專線：(02) 25007718、(02) 25007719
服務時間：週一至週五上午09:30-12:00；下午13:30-17:00
24 小時傳真專線：(02) 25001990、(02) 25001991
劃撥帳號：19863813；戶名：書虫股份有限公司
讀者服務信箱：service@readingclub.com.tw
城邦讀書花園：www.cite.com.tw
香港發行所／城邦（香港）出版集團有限公司
香港灣仔駱克道193號東超商業中心1樓
E-mail：hkcite@biznetvigator.com
電話：(852)25086231　傳真：(852) 25789337
馬新發行所／城邦（馬新）出版集團【Cité (M) Sdn. Bhd.】
41, Jalan Radin Anum, Bandar Baru Sri Petaling,
57000 Kuala Lumpur, Malaysia.
Tel: (603) 90578822　Fax:(603) 90576622
email:cite@cite.com.my

封面設計／李東記
封面攝影／謝文創攝影工作室
文字整理／陳名珉
排　　版／新鑫電腦排版工作室
印　　刷／卡樂彩色製版印刷有限公司
經 銷 商／聯合發行股份有限公司
電話：(02) 2917-8022　傳真：(02) 2911-0053
地址：新北市231新店區寶橋路235巷6弄6號2樓

■ 2022年08月06日初版
定價550元

Printed in Taiwan
城邦讀書花園
www.cite.com.tw

 ISBN　978-626-318-343-8

商周出版

廣	告	回	函

北區郵政管理登記證
台北廣字第000791號
郵資已付，免貼郵票

104台北市民生東路二段141號2樓

英屬蓋曼群島商家庭傳媒股份有限公司　城邦分公司

請沿虛線對摺，謝謝！

商周出版

書號：BK5199　**書名：**柯P管理學：價值，領導，創新　**編碼：**

請於此處用膠水黏貼

商周出版

讀者回函卡

線上版讀者回函卡

感謝您購買我們出版的書籍！請費心填寫此回函卡，我們將不定期寄上城邦集團最新的出版訊息。

姓名：＿＿＿＿＿＿＿＿＿＿＿＿＿＿＿＿＿＿＿＿　性別：☐男　☐女

生日：西元＿＿＿＿＿＿年＿＿＿＿＿＿月＿＿＿＿＿＿日

地址：＿＿＿＿＿＿＿＿＿＿＿＿＿＿＿＿＿＿＿＿＿＿＿＿＿＿

聯絡電話：＿＿＿＿＿＿＿＿＿＿＿＿　傳真：＿＿＿＿＿＿＿＿＿＿

E-mail：

學歷：☐ 1. 小學 ☐ 2. 國中 ☐ 3. 高中 ☐ 4. 大學 ☐ 5. 研究所以上

職業：☐ 1. 學生 ☐ 2. 軍公教 ☐ 3. 服務 ☐ 4. 金融 ☐ 5. 製造 ☐ 6. 資訊

☐ 7. 傳播 ☐ 8. 自由業 ☐ 9. 農漁牧 ☐ 10. 家管 ☐ 11. 退休

☐ 12. 其他＿＿＿＿＿＿＿＿＿＿＿＿＿＿＿＿＿＿＿＿

您從何種方式得知本書消息？

☐ 1. 書店 ☐ 2. 網路 ☐ 3. 報紙 ☐ 4. 雜誌 ☐ 5. 廣播 ☐ 6. 電視

☐ 7. 親友推薦 ☐ 8. 其他＿＿＿＿＿＿＿＿＿＿＿＿

您通常以何種方式購書？

☐ 1. 書店 ☐ 2. 網路 ☐ 3. 傳真訂購 ☐ 4. 郵局劃撥 ☐ 5. 其他＿＿＿＿

您喜歡閱讀那些類別的書籍？

☐ 1. 財經商業 ☐ 2. 自然科學 ☐ 3. 歷史 ☐ 4. 法律 ☐ 5. 文學

☐ 6. 休閒旅遊 ☐ 7. 小說 ☐ 8. 人物傳記 ☐ 9. 生活、勵志 ☐ 10. 其他

對我們的建議：＿＿＿＿＿＿＿＿＿＿＿＿＿＿＿＿＿＿＿＿＿＿＿＿

＿＿＿＿＿＿＿＿＿＿＿＿＿＿＿＿＿＿＿＿＿＿＿＿＿＿＿＿＿＿

＿＿＿＿＿＿＿＿＿＿＿＿＿＿＿＿＿＿＿＿＿＿＿＿＿＿＿＿＿＿

【為提供訂購、行銷、客戶管理或其他合於營業登記項目或章程所定業務之目的，城邦出版人集團（即英屬蓋曼群島商家庭傳媒（股）公司城邦分公司、城邦文化事業（股）公司），於本集團之營運期間及地區內，將以電郵、傳真、電話、簡訊、郵寄或其他公告方式利用您提供之資料（資料類別：C001、C002、C003、C011 等）。利用對象除本集團外，亦可能包括相關服務的協力機構。如您有依個資法第三條或其他需服務之處，得致電本公司客服中心電話 02-25007718 請求協助。相關資料如為非必要項目，不提供亦不影響您的權益。】

1.C001 辨識個人者：如消費者之姓名、地址、電話、電子郵件等資訊。

2.C002 辨識財務者：如信用卡或轉帳帳戶資訊。

3.C003 政府資料中之辨識者：如身分證字號或護照號碼（外國人）。

4.C011 個人描述：如性別、國籍、出生年月日。

請於此處用膠水黏貼